红色摇篮 绿色家园

江西风景独好

红色摇篮 绿色家园
江西风景独好

游遍江西

萍乡

云中草原

主编 王晓峰

江西人民出版社
Jiangxi People's Publishing House
全国百佳出版社

总 序

朱 虹

旅游，是一个古老的话题，

旅游，也是一个现代的话题，

旅游，更是一个常说常新的话题。

在中国古代，《五经》中的《周易》就有“旅”“观”二卦，卦辞对“旅行”和“观光”进行了表述。先秦文献《穆天子传》中，也有周穆王驾八骏巡游的生动记载。就江西而言，历代文人墨客留下的旅游佳作举不胜举。以世界级名山庐山为例，《史记》中就有夏禹、秦皇、汉武、司马迁浮长江登庐山的记载，陶渊明、李白、孟浩然、白居易、苏东坡、王阳明等许多大诗人也都有题咏，明代旅行家徐霞客则有生动的游记。

旅游作为一门学科，作为一种行业，则是近现代才兴起的新的学科和行业。江西学者伍飞先生对全球旅游进行了探索性的研究，并就此访问了60位外国驻华大使，撰写了被誉为旅游界“圣经”的《旅游整合世界》，其观点为世界许多政要、东西方学者和国际旅游从业者们所认可。诚如伍先生所言：“旅游整合世界，共享人类文明。”蓝色的地球，五大洲、四大洋，寒温热三带，有说不尽道不完的自然的和人文的旅游景

观。从遥远的上古到21世纪的今天，人类文明的步履行进了几十万年，踏遍了全球。现今，人类还在向地球外的宇宙，进行不断地探索，遨游太空也已成为现实。因为大自然的神工鬼斧与人类无尽的创造力，自然的与人文的遗产遍布寰球。对于旅游业来说，毋庸置疑，这一切都是可以利用的巨大的资源。人类有着不同的肤色、不同的民族、不同的语言文字、不同的宗族信仰、不同的风俗民情，但是，就旅游的概念而言，这一切都可以打破，这一切也都正在被打破，地球村的村民们共享着大自然的馈赠和人类自身所创造的文明。旅游，既是人类享受生命的一种特别方式，也是人类社会不断和谐发展的巨大的推动力。

江西，地处长江中下游的南岸，古称“吴头楚尾，粤户闽庭”。这片自然造化所眷顾的赣鄱大地，这片先民们生息繁衍、开发了几万年的赣鄱大地，旅游景观之丰富为世人所瞩目。

江西风景独好。市市有好山好水、县县有旅游景点，旅游资源种类多、品位高、潜力大。拥有国家旅游资源标准分类八大类155种基本景观中的153种，有世界遗产地5处，世界地质公园4处，5A级以上旅游景区6处，国家级风景名胜区14处，综合评价位居全国前列。红色旅游资源、绿色山水资源、古色历史文化资源交相辉映，最具代表的“3461”景区，即四大名山（庐山、井冈山、三清山、龙虎山）、四大摇篮（“中国革命的摇篮”井冈山、“人民军队的摇篮”南昌、“人民共和国摇篮”瑞金、“中国工人运动的摇篮”安源）、四个千年（“千年瓷都”景德镇、“千年名楼”滕王阁、“千年书院”白鹿洞、“千年古刹”东林寺）以及一湖（中国最大的淡水湖鄱阳湖）、一村（中国最美的乡村婺源）、一海（庐山西海）、一峰（龟峰）、一道（“小平小道”）、一城（共青城）等闻名于世。这些丰富的资源，不仅仅是江西的，也是中国的，更是为世界所共享的巨大财富。

为了更广泛深入地推介江西的旅游产品，进一步提高江西旅游形象品牌在海内外的影响力和知名度，不断拓展江西的客源市场，更好地为游客服务，自2013年5月中旬开始，江西省旅游协会与江西人民出版社联手，精心策划、组稿、审阅，编辑出版了这部“游遍江西旅游系列丛书”。这部丛书共分11册，每册约9万字，是一套系统的全方位的介绍江西各地旅游文化资源的精品图书，既有权威性，又具较强的可读性，也是一套供自驾游和自助游爱好者参考的旅游指南，图文并茂，简明实用。这项重要的旅游文化出版工程，可用“精、全、细”三字来概括。精，即不仅图书是精品，介绍的旅游资源也多为精品；全，即一套在手，江西的旅游资源基本上尽收眼底；细，即一册在手基本的旅游信息里面都有，体贴细致。江西的旅游资源、文化遗产，正在为天下人所共享，而这套丛书的问世，其作用与意义将不言而喻。

江西是个好地方，道不尽自然的壮丽和秀美；江西是个好地方，说不完人文的深厚与绵长！这里是神奇江西——物华天宝，人杰地灵；这里是美丽江西——青山绿水，如画如诗！

是为序。

（朱虹　江西省人民政府副省长）

目录

第一章 萍实之乡——万世其昌

第二章 游在萍乡——无限风光

第三章　行在萍乡——便捷顺畅

第六章　娱在萍乡——乐不思乡

第七章　购在萍乡——满目琳琅

【附录】

CHAPTER 1

萍实之乡

——万世其昌

一 美丽的故事

据《孔子家语》记载，春秋战国时期，楚昭王渡江时，江上漂来一物，又红又圆，大小像斗（斗为古代酒器），他问遍了满朝文武都无人知道是何物。于是，派使者到鲁国问孔子。孔子回答说：“此物为‘萍实’，可以吃的，是吉祥物，只有称霸的人才能得到它！”使者听了以后，有些迷惑不解，问孔子：“怎么知道它是萍实？”孔子说：“我过去周游列国时，途中曾听到一首童谣说‘楚王渡江得萍实，大如斗，赤如日，剖而食之，甜如蜜’，现在这首童谣得到了应验，所以我知道它叫‘萍实’。”使者又问孔子：“这‘萍实’是否能经常得到？”孔子告诉他：“‘萍实’是集天地之精华而成，千年也难得一遇，现在楚王得到了它，这是楚国将要振兴的征兆。”使者回来告诉楚昭王，楚昭王甚是高兴，吃了“萍实”，味道果然很好，直赞孔子学识渊博。于是乎，后来人们便把楚昭王得“萍实”的地方称为“萍实里”，又称为“萍乡”，即“萍实之乡”。这便是萍乡得名的由来。

北宋崇宁元年（1102 年），年近花甲的大诗人黄庭坚，穿越巴山蜀水来到萍乡省兄。江南三月，正是杂花生树、群莺乱飞的时节，他在这里登山探幽访古，流连月余而去。这里的山川风物、优美传说，触动着诗人的情思，他写下了《萍实里》一诗：“楚地童谣已呈祥，果然所得属昭王。若非精鉴逢尼父，安得佳名冠此乡。”诗里表达了他对萍乡的喜爱，也为萍乡得名的由来提供了有力的佐证。

孔子识“萍实”的故事似乎有些玄乎，当然更经不起考证，但萍乡人却宁愿信其有，因为它承载着丰富的文化意蕴，寄寓着人们对美好未来的殷切期盼。

萍乡历史悠久，文化积淀厚重。

二 厚重的历史

萍乡地区人类文明史可追溯到旧石器时代，在芦溪县宣风镇竹山园发现有旧石器时代遗址。芦溪县新泉、宣风、虹桥，上栗县施家台、桐木荆坪、赤山大宝山等地均发现有新石器时代遗址。今萍乡经济开发区田中管理处境内发现商周古城，称“谭台”，《江西省志》将其列为江西在商代的三座古城之一。

春秋战国时期，萍乡地属“吴头楚尾”。得益于其特殊的地理位置，中国历史上两支先进的地域文化——吴文化和楚文化在这里交融、碰撞和弘扬。先民们筚路蓝缕的创业风格、兼收并蓄的包容气度、锐意进取的创新精神，已经溶入萍乡人的血脉，世代相传，生生不息。时至三国，吴帝孙皓于宝鼎二年（267年）设立萍乡县，县治设芦溪古岗。唐武德二年（619年），县治从芦溪古岗迁至萍乡凤凰池（今市政府所在地）。从那时起到现在的1300多年里，虽然萍乡的行政级别和隶属关系几经变易，但“萍乡”这个名称却始终未变，更有“萍实”“楚昭王”“孔子”这些文化符号与之如影随形，加上吴楚文化的濡染浸润，造就了萍乡崇义尚文的社会风尚、多元共生的历史人文氛围和丰厚的文化积淀：萍乡的傩文化“三宝”俱全、源远流长；武功山的道教文化博大精深，闻名遐迩；杨岐山的禅宗文化影响

深远；安源的近代工业文化和红色文化举世闻名；刘凤诰、文廷式、刘元卿等一大批文人青史流芳；民间民俗文化涵盖了社会生活的方方面面，从年节喜庆到婚丧礼仪，从耕作畜牧到采摘屠宰……事事都有讲究，处处都是文化；萍乡春锣、傩面具、烟花制作技艺等非物质文化遗产荣登国家级非物质文化遗产名录，萍乡傩舞表演更是远赴韩国、日本等地频展风姿，大放异彩……

三 优良的传统

萍乡地灵人杰，开拓进取、锐意争先是萍乡人的秉性。世世代代的萍乡人继承了这种优良传统。在中国历史的长河中，萍乡代有贤能，勇立潮头；在中国近现代史中，众多历史事件便发轫于萍乡。翻开中国近现代史，字里行间总能看到关乎萍乡或萍乡人的精彩记述：1898 年开始开采的萍乡煤矿是中国第一家中外合资企业，开了历史之先河；是江南最大的煤矿，萍乡因之被誉为“江南煤都”。1899 年开筑的株萍铁路是江西最早的铁路，开创了江西现代运输的历史。1906 年爆发的萍浏醴起义成了后来推翻封建帝制的伟大的辛亥革命的前奏；1922 年 9 月爆发的震撼全国的安源路矿工人大罢工是共产党领导的工人运动的成功范例；1927 年 9 月爆发秋收起义，萍乡是其重要的策源地，是中国共产党独立领导革命战争、创建人民军队、建立革命根据地的开始……萍乡学者文廷式是晚清维新变法运动的中坚力量，“莲花一枝（支）枪”是毛泽东关于农民运动的著作中论述坚持革命斗争的经典实例，被誉为“中国的保尔·柯察金”的萍乡人吴运铎是共产党领导下的军事工业的开山鼻祖……

在社会主义建设事业中，萍乡更是人才辈出，各领风骚。新中国成立以后，萍乡涌现了吴学周、刘恢先、陈述彭、刘天泉、简水生、颜龙安、彭苏萍、张俐娜等10位两院院士，以及易瑞生、彭光贤、曹罗生等一大批全国劳模和各行各业的先进典型，他们在各自的工作岗位上，为国家、为人民做出了杰出的贡献。老红军战士、开国将军甘祖昌“将军当农民”的故事教育和感染了几代中国人。全国道德模范、“感动中国2013年度十大人物”之一、甘祖昌将军的夫人龚全珍几十年如一日扎根山区、默默奉献、助人为乐的先进事迹传遍了神州大地，91岁高龄的龚全珍老人还得到了习近平总书记的特别接见和深情褒奖。他们人生的壮丽篇章，将鼓舞更多萍乡人，特别是年轻一代，奋发向上，为建设有中国特色的社会主义、为实现伟大的中国梦，书写新的历史篇章。

四 秀美的河山

萍乡，位于江西省西部、湘赣两省接壤处。东与宜春、南与吉安相毗邻，西与湖南醴陵、北与湖南浏阳接壤。紧靠长株潭，对接长珠闽，是江西的西大门。这是一块美丽的土地，是镶嵌在赣西大地上一颗璀璨的明珠。这里气候温和，山清水秀，风景如画，宜居宜游。

这里地处亚热带季风气候区，光照充足，雨量充沛，四季分明，年平均气温为17.3℃，年平均降水量为1603毫米，年日照数约1600小时，无霜期达270天。优良的气候条件，适宜动植物的繁衍生息，据初步统计，萍乡境内有高等植物2000余种，其中木本植物有700多种，域内分布野生兽类50余种、鸟类 173 种、蛇类 16 种。特别是在堪称天然动植物园的武功山区，多少珍禽异兽、奇花宝树生长在这里。如黄腹角雉、短尾猴、水鹿、白鹇、娃娃鱼等就属于国家级重点保护动物。珍稀植物有黄杉松，台湾松、云锦杜鹃、猴头杜鹃、粗榧、水桠木、独花兰等。被誉为“植物三元老”的银杏树连片成林，最大的一株高达 24.5 米，树围是 12.1 米，直径有 3.63 米，年逾千载。

萍乡境内多山，中部为湘、赣二流域的分水岭。杨岐山纵贯南北，武功山绵亘东南。武功山主峰白鹤峰海拔1918米，为江西境内最高峰。萍乡地势北部、东南部高而中部低，有山地、丘陵、盆地、河谷等多种地貌，不同地貌之间组成了多姿多彩的大地景观。萍乡主要构景岩石为燕山期花岗岩，拥有大量造型生动、奇特的蚀余景观和象形山石。萍乡域内石灰岩广泛分布，形成了多处蜿蜒、纵深的岩洞，其中一些已开发成旅游景点，市北清溪的天然溶洞孽龙洞，全长4千米，有“地下艺术长廊”之称。山区沟谷中溪流潺潺，在较高的山地中，急流、瀑布多处可见。许多河流和水库碧波清澈，与周围青山交相辉映，构成了良好的生态环境。境内河渠纵横，水网稠密，袁水、萍水、草水、栗水、琴水五大河流蜿蜒其间。五大河流均为源流河，清澈的河水常年不断地流向赣江（袁水、琴水）和湘江（萍水、栗水、草水），为广袤的赣湘大地注入源源不断的生机。

秀丽的河山为萍乡旅游业的大开发、大发展提供了得天独厚的条件。经过长期的建设和开发，现今的萍乡拥有武功山、孽龙洞、杨岐山、安源纪念馆、荷花博览园等一大批高品位的风景名胜，形成了红色、古色、绿色交相辉映的旅游格局，向人们展现了人文景观与自然景观融为一体的独特风姿。

五 柔美的乡音

萍乡话与宜春话、浏阳话、醴陵话等周边地区的方言产生交融，受到湘方言、吴方言和客家方言的影响，介乎湘方言和赣方言之间，但基本上属于赣方言，是一种独特的方言。萍乡范围虽然不大，但十里不同俗，五里不同调。并非所有萍乡人都能讲一口正宗的萍乡话。随着城市化进程的加快和城乡交流的日益频繁，越来越多的外地人也能够讲上一口像模像样的萍乡话了，萍乡方言的魅力愈加显现。

萍乡方言中平声字多，仄声字少，基本上没有入声字，“沙”“咯”等衬词较多，显得柔和、动听，给人一种肉麻酥软的感觉。如果一位萍乡美女用正宗的萍乡话对你发嗲的话，那种杀伤力，你是无法抗拒的。朋友，如果你来到萍乡，不妨学几句萍乡话，学唱两首萍乡方言歌。

萍乡方言常用语：

1.打哑哇吧（瞎扯的吧）。2.咯就不得了（这就不好办了）。3.有咋哩嘶叽呀（有什么事情呀）？4.恰里丫饭卯（吃了晚饭没）？5.酋是咯索叽咯德（就是这样子的）。6.酋是塄扎懂索叽哇（就是那块地方啊）。7.哎呀，一扎嘘统咕（哎呀，一个水坑）。8.一扎辣达子脾气（一个犟脾气）。9.嘿，不要揍啥，哄做新你哇（嘿，别走啊，我喜欢你哇）。10. 恐斗狃坐拉别都铀哩（看到那德行都够了）。11.亚不几（晚上）。12.恨（你），汗（我），哈（他）。13.日前几（白天），门后朝（明后天 ）。14.扯白（撒谎）、打哦哦（打瞌睡）、冒得（没有）。15.拣到恨不得何（拿你没办法）。16.不得清（糊涂）。17.恨咯只人真是有味道（你这个人怎么会这样）？

CHAPTER 2

游在萍乡

——无限风光

一 绿色荟萃

（一）青山毓秀

1. 云中草原——武功山 >>>

武功山风景名胜区位于萍乡市芦溪县东南边境，属罗霄山脉北段，绵延120千米，总面积为260余平方千米，主峰白鹤峰海拔为1918.3米。武功山是集人文景观和自然景观为一体的山岳型风景名胜区，是江南名山最后一座正在开发的处女山，历史上曾声名远播，文化积淀深厚。在崇尚自然、渴求反璞的今天，她又以其自然景观之神奇和原始生态环境之完好而独具魅力。

武功山资源类型与特色被专家概括为“山景雄秀、瀑布独特、草甸奇观、生态优良、天象称奇、人文荟萃”。现规划

面积已达160平方千米，规划景点200余处，整个风景区分为金顶观光休闲区、羊狮幕观光游览区、九龙山宗教文化区、发云界游憩娱乐区、大王庙原始生态区5个核心景区。自然形成了“峰、洞、瀑、石、云、松、寺”齐备的山色风光，区内10万亩高山草甸绵延于海拔1600多米的高山之巅，与巍峨山势相映生辉，堪称天下无双；峰顶神秘的古祭坛群距今已有1700多年的历史，被誉为华夏一绝；气势恢宏的高山瀑布群、云海日出、穿云石笋，奇特的怪石古松、峰林地貌和保存完好的原始森林、巨型活体灵芝等景观令游人叹为观止；武功山气候温和，四季分明，雨量充沛，年平均气温为14℃—16℃，夏季最高温度为23℃，低于同期庐山、黄山气温，是极佳的避暑胜地。武功山动植物繁多，有动物200多种、植物2000多种，被誉为“天然动植物园”。

武功山历史悠久，文化源远流长，远自汉晋起，就被道、佛两家择为修身养性之洞天福地，明朝时香火达到鼎盛时期，建了庵、堂、寺、观100多处，无数善男信女到此朝拜。自唐宋以来，诸多仰慕其名而登山游赏吟诗作赋的名人学士络绎不绝，留下了无数珍贵墨迹，其中最为出名的数汉之葛玄、晋之葛洪、梁之陶弘景、唐之袁皓、宋之黄庭坚、明之徐霞客以及

武功山

夕照古坛

近代的陈毅元帅。据考证，他们留下赞美武功山的千古诗赋、匾牌、文章百余篇，其中最有名的是徐霞客的《游武功山》："千峰嵯峨碧玉簪，五岭堪比武功山。观日景如金在冶，游人履步彩云间。"武功山地理位置优越，外围交通发达，处于湘赣两省的黄金旅游带上，沪瑞高速、320国道、浙赣铁路复线横贯东西，319国道纵穿南北，构成了便捷的交通网络。经过近几年的大力开发，武功山各项旅游基础设施日益完善，索道、游步道、栈道、星级宾馆、地质博物馆、停车场等一应俱全，现在已经拥有了"国家重点风景名胜区""国家AAAA级风景名胜区""世界自然遗产""国家地质公园"四块金字招牌，正全力创建国家AAAAA级景区。通过中央电视台等主流媒体的强力推介，此地成功举办武功山帐篷节、国际山地自行车赛等活动，人称"云中草原、养生仙境、户外天堂"的武功山已经享誉全世界。武功山资源内涵丰富，底蕴深厚，特色鲜明，品味高雅，是大自然鬼斧神工的杰作，是人类文化的瑰宝，在生态旅游热潮兴起的今天，她正敞开宽厚的胸怀，以崭新的姿态，热忱欢迎各界友人前来观光游览、投资兴业。

武功山栈道

地址：萍乡市芦溪麻田

开放时间：上午8：00—17：00

交通：萍乡南站武功山专线客车直达、萍乡北站（长运客站）武功山专线快巴沿芦万武旅游公路直达

门票价格：随季节调整

预订电话：400—158—6969

住宿：可选月池宾馆、红岩谷假日酒店、中安养生宾馆、五虎沟农家山庄、武功缘饭店

购物：石鼓寺停车场上武功山特产店、芦溪街上芦小旁武功山特产店

【链接1】武功山得名的传说

武功山原名武公山，因晋时山上住着武姓夫妇而得名。南朝陈武帝时，侯景叛乱，在西昌（今泰和）一带招兵买马，企图推翻王朝。不少文武官员推荐欧阳危带兵征讨，皇帝降旨。欧阳将军率两万精兵浩浩荡荡来到武公山下的吉州、安福安营扎寨，不料被诡计多端的侯景包围了，切断粮草，把欧阳危围在武公山中，想让他不战而屈，形势非常危急。欧阳危坐卧帐中，不知不觉入了梦境，梦见一老者入帐求见，与他细论兵法，告诉他如何布阵，如何在武公山设伏点，讲得头头是道，欧阳危茅塞顿开，感激不已。次日，他徒步上武公山察看地形，并仔细琢磨昨夜梦中老人的高论，越想越有道理，遂调整兵力，重新部署，几天后双方交战时其官军奋勇厮杀，大获全胜，终于扭转战机。不到一个月欧阳危就将侯景之乱平定，班师回朝。梁王肖方智禅位于陈霸先（即武帝），武帝得知欧阳将军凯旋，率领文武官员出城迎接，场面非常隆重，武帝要嘉奖他，欧阳危却说："这次出征讨伐叛贼，托皇上洪福，有武公山神灵助我一臂之力，要记功劳。理应记武公山的功。"陈武帝听后，问其究竟，欧阳危遂把武公托梦一事奏出，武帝龙颜大喜，立即派要员上武公山祭祀，为弘扬武公神灵之功，遂将武公山更名为"武功山"。从此"武功山"名便沿袭至今。

【链接2】白鹤峰的传说

相传很久以前，大安里的横岭下，住着一位花甲老人。老人中年丧妻，膝下唯有一女。后来女儿远嫁莲花县，当时一片沼泽横隔在大安里和莲花中间。老人养着一群白鹤，爱鹤如子，清贫度日。

有一天，有人捎信来，说他女儿病了。老人念女心切，决意绕道五百里前去探女。清早，老人收拾行李，携鹤出门。走到门口，那白鹤突然口衔行李，钻到老人胯下，长唳三声，展翅高飞，不到一刻工夫就降落到远在莲花的女儿家。女儿病中思念老父，突然相见，欣喜若狂，病去大半，不久便痊愈了。

老人驾鹤前来的消息不胫而走。他女儿隔壁的财主便想盗杀仙鹤以延年益寿。一天，老人欲告别女儿返乡。却不见了白鹤，心急如焚，到处寻找都找不到，小外孙说晚上听到财主家传出白鹤叫声。老人急忙奔到财主家门前，叩门询问，不料财主放出恶狗，把老人咬得遍体鳞伤。老人只寻得一把鹤毛，因无力抗衡，只好含恨离开。

在回家的路上，白鹤羽毛忽然化成仙鹤，驮起老人艰难地往前飞。因受了伤，仙鹤渐渐飞不动了，眼见要坠入水泽。白鹤为救老人，把自己变成一座奇峰，把从大安里到莲花之间的湖填平了，使老人安全到了家。后来人们为了纪念这只白鹤，就把这座山取名为白鹤峰。

2. 久负盛名——杨岐山 >>>

杨岐山古称翁陵山、漉山，位于上栗县杨岐乡，距萍乡市中心25千米，为武夷山余脉，呈东北—西南走向，总面积达35平方千米，海拔为947.6米。相传战国时期的著名哲学家杨朱到此，因山大路杂，误入歧途，迷失了方向，凄怆泪下，后人因此而将此山命名为杨岐山。杨岐山层峦叠翠，山势嵯峨，四季风光秀丽，气候宜人，素有“二十四景”（张口狮子岭、寿桃峰、观音崖、牛斗石、棋盘石、猪嘴巴、湮水洞、老虎洞、小石钟山、案山关、孽龙洞、四十八窝、渔鼓筒、仙人下棋、隐朱洞、海螺公园、八仙岭、怪石岭、鸳鸯洞、虾米洞、猴子爬石、乌龟洞等等）之称。林间“方竹”“观音竹”“实心竹”“墨竹”，并称为杨岐四“竹”，其中方竹为杨岐一绝，竹竿四方有棱，四季生笋，多处移栽不活，唯有在此地生长。此外还有美轮美奂的杨岐观日、杨岐云海、玉树银峰等天然景观。杨岐山的历史悠久，古迹颇多，享有盛名。据史料记载，早在唐朝时期这里就创建了杨岐普通寺，是佛教禅宗“五家七宗”中临济杨岐禅宗的发源地。杨岐禅宗在中国佛教史上享有崇高的地位和深远的影响，并远传至日本。杨岐山是一个以优美的自然景观为外延，以丰厚的人文景观为内涵，构成融自然风光和宗教文化为一体的省级重点风景名胜区。

地址： 萍乡上栗县杨岐乡
交通： 萍乡北站至上栗中巴
联系电话： 0799-3681236
住宿： 农家山庄
门票： 每人40元

【链接1】杨岐山的传说

杨岐山寿桃峰侧有一处胜景叫棋盘石。此石天然平整，纹路纵横，极似一幅棋盘。传说还是神仙铁拐李和吕洞宾留下的呢！有诗为证：“仙风去后石深沉，夜露朝霞日月侵。千载谁人明妙处，残棋一局到如今。”传说很久以前，吕洞宾和铁拐李经过杨岐山，远远看见一枚熟透的桃子，过来一看却是寿桃峰。寿桃峰四周风景如画，直把两位仙人迷住了。两人索性就在东峰上摆下一局，对坐谈兵，当时一个牧童、一个樵夫和一只乌龟一起在旁边看他们下棋。一局终了，牧童慌忙去寻找走失了的两头牛，却看见牛在山坳里斗在一处，一动也不动，仔细一看，原来它们已化成了石头，这就是牛斗石了；樵夫看到他的柴变成一堆烂柴，后来这地方就叫烂木坑；大乌龟趴着看棋的地方成了现在的乌龟潭。吕洞宾棋差一着，全盘皆输，大怒之下，拂袖而去。如今棋盘上还剩数子清晰可辨，山下也有几枚棋子化成的大石，其形毕肖。

【链接2】高风化竹的故事

在很久以前，杨岐山出了一个学识渊博的书生高风，但他不愿出仕，以行医为业，医术高超。后来官府征召他当官，他以山野村夫不习礼仪为由坚决推辞，也许是他救人太多，也许是他气节高尚，他死后，在其坟旁长出一种奇怪的竹子，就是方竹。人们说，竹子是他一身棱角。高风不愿离开故土，死了以后还是一样。后来有神仙知道了杨岐神奇的方竹，想要献上瑶池，讨好王母娘娘。但方竹一移到瑶池就不能成活，最后也只好任它生长在杨岐了。乾隆下江南时，听说袁州府有这一异宝，也叫人弄了几株，植入他的御花园，你想方竹天上都不肯去，还肯臣服于人间帝王吗？自然也是不成的。后来，日本杨岐宗门徒想迎奉杨岐方竹，夜得祖师明示不可如此行事，也就作罢。可见方竹不愿离开杨岐，杨岐也离不开方竹。

邓福生——杨岐晨雾

杨岐寺山门

3. 清雅灵秀——玉壶山 >>>

玉壶山风景区位于莲花县城东，总面积为51.24平方千米，由玉壶山中心景区、垂花岩景区、石廊洞景区、砻山口景区等自然风景区共同构成。

有诗云："砻西一带多名山，独羡壶峰第一关。"自古就有名山之称的玉壶山，以其清雅著称，素有"小南岳"之誉，为省级风景名胜区。

玉壶山景区自然风光千姿百态，元阳观、法藏寺、文峰塔、焕文阁等道、释、儒遗址，洗墨池、三相台、刘元卿诗碑等文化遗址，遍布其间。扑朔迷离的元阳洞、瑰丽独特的蕊珠洞和玉壶石洞，组成三大洞天福地。三大溶洞与形态各异的玉壶山石林以及悬挂于玉壶峰巅、长流不息的天外飞泉，共同组成玉壶山"三绝"。玉壶山背面连绵不绝、古木参天的森林，有竹木同心、无根藤萝等奇景。碧波荡漾、湖光山色的鸬鹚湖，怪石林立、凝乳堆雪的垂花岩，令人流连忘返。

玉壶山风光

玉壶山吸引了古往今来众多文人雅士探幽览胜，留下了大量的诗文辞赋。唐开元名相姚崇、晚唐宰相牛僧儒，民族英雄文天祥、明文学家刘元卿、明旅行家徐霞客、清帝师朱益藩等名人先后游历、隐居于此。

地址：莲花县南门村，与永新县接壤，距县政府1千米
交通：萍乡市长途客运—莲花县—莲花县文化馆—南门村—玉壶山风景区
住宿：莲花宾馆
门票：免费
电话：0799-7221067

【链接】甘霖遍洒垂花岩

话说某年莲花县，正当楚地的早禾扬花时节，赤日炎炎，骄阳似火，江水断流，裂地千里，出现百年奇旱，田野绝收，百姓流离，哀鸿遍野，皇上震怒。知县忧惧，祈雨救灾，做法三天，无济于事。

就在众人束手无策之际，人群中款款走出一名花容月貌的妙龄女郎，自称垂花女，愿为百姓解难。知县半信半疑，允许此女做法解难。

垂花女抿嘴一笑，叫人取来米筛一个，纸钱数张，垫于米筛之内，用纤纤手指点划数下，口中念念有词，将朱笔往空中一扬。但见万里晴空忽然乌云密布，雷电交加，暴雨倾盆，铺天盖地而来。众人开始是惊喜，继而欢呼："天降甘霖！天降甘霖！"全县百姓跪地磕头，感谢上苍。

一阵酣畅淋漓的大雨之后，雨收云霁，彩虹贯天，禾苗复苏，万木葱茏。从狂喜中惊醒过来的人们，这才记起该千恩万谢那位求雨的垂花女。可高台上早已不见了她的芳影，人们找遍了附近的田头地角，也没发现她的踪迹。

次日，各村各户自动筹集重金，重修庙宇以纪念垂花娘娘。从此，垂花岩闻名遐迩，声誉鹊起，前来朝拜者川流不息，香火不绝。

4. 风景独好——五峰山 >>>

五峰山位于湘东区的东桥镇、腊市镇、麻山镇交界处，与太屏山、杨岐山和武功山并称为“萍乡四大名山”，五峰山山顶五峰相连，最高峰海拔有644米。这里风光秀丽，山林面积达5.3万亩，森林覆盖率位居全市前列；五峰山历史悠久，人文荟萃，民间有“先有五峰，后有武功”之说。

五峰山上有个叫“七丘田”的去处，是一座道庵——福寿庵。传说福寿庵所在地原来是五峰半山腰上一块较平之地，因正好是七丘田，故农人以此作为该地的称谓——“七丘田”。道庵建成后，附近乡民一直习惯地叫其原名，极少有人称福寿庵的。

相传福寿庵是为纪念周朝十一代周幽王驾前丞相潘葛之妻李氏而建，那是唐代之前的事了。为救助修庵弟子的生活，南无观世音菩萨路过此地，见施工农人在此深山老林建寺院，十分辛苦，顿生慈悲之心，便随手将一把筷子洒入山中，顷刻间，五峰山漫山遍野便长出无数竹笋，施工农人采集竹笋果腹充饥，从而大大加快了建庵的速度。宋代东晋孝武帝时的庐山东林寺住持僧慧远洋派系、衣钵教徒密老和尚曾在此隐迹修道。江西诗派的创始人、苏门四大学士之一黄庭坚与密老关系甚好，曾访友游览五峰山，并

福寿奄

留下诗云：

我穿高安过萍乡，七十二渡绕羊肠。
水边林下逢衲子，南北东西古道场。
五峰秀出云雨上，中有宝坊如侧掌。
去与青山作主人，不负法昌老禅将。
栽松种竹是家风，莫嫌斗绝无来往。
但得螺蛳吞大象，从来美酒无深巷。

宋代诗人赵鸣铎也曾来到五峰山，并写有《寄萍乡密老》诗句：

匹马飘然似转蓬，一年两次来湘东。
襟间润带黄梅雨，枕上凉生苦楝风。
函函穷途将底用，区区苟禄有何功。
输地燕坐长斤老，默对浓香丈室中。

五峰山不仅得名于“仙”，其自然风光也着实迷人，堪称人间仙境。据考查，现在山中还有各种野生动物50多种，有瀑布、泉水以及几个大小不同的水库。这里五峰相连，景区内山林面积有39万亩，森林覆盖率居萍乡市前列。山中有多个寺庙，分脚庵、中庵和顶庵，听老人讲，脚庵最多时达48座，保存至今的有圣忠寺，寺旁有一株罗汉松树，树茎需四五人才能合抱，树龄至少在1500年以上，结的果实形似罗汉。福寿庵属中庵，庵内有圣母殿、大雄宝殿、关圣殿。殿高达10米，殿内神像形象逼真，栩栩如生。庵前庵后，古木参天。庵门路下，满山毛竹。庵后左侧有一小溪，潺潺清泉自山峡中流出，隐入林中，溪边翠竹茂密，此竹竹茎奇异，上圆下方，形似竹筷，它一年发三次笋，时间是三月、六月、九月，与观音大仙的寿辰一致，于是便有了“南海紫竹林，五峰方竹山”的传说。

清代萍乡著名才子刘凤浩也曾为五峰山的秀丽风光所倾

倒，游后挥笔为五峰寺题下门联：

天空峰列五，问此中门户，参透为谁？慧佛由来传密老；

寺外树盈千，历无限霜雪，坚贞乃尔，灵根或恐是菩提。

五峰寺是五峰山诸庵中的顶庵，位于福寿庵左上方，大约建于东晋时期。离开五峰寺，再往上攀登就是山顶了。登五峰山，真正观景的最佳处是在山顶，南边第二峰顶上有一钢架，高二丈余，为20世纪50年代苏联专家来此勘探时所立，现保存完好。据一些老人说，站在钢架上可远望长沙城，倘若天气不是很好，但只要你登上五峰山顶峰，就会如立苍穹，八方观看，湘东、安源、醴陵、攸县四市县区，萍水、草水和渌水定能尽收眼底 。正如福寿庵山门门联所云：

梵宇起平腰，万千峰峦齐俯地。

后峰凌绝顶，九重碧落不知天。

五峰寺

★ **地址**：湘东区东桥镇

开放时间：全天

交通：萍乡至东桥客运直达

门票：免费

电话：0799-3471007

5. 吴楚奇峰——大屏山 >>>

位于罗霄山脉中段，萍醴交界处，海拔约为700米，面积近200平方千米，因它形似一扇天然屏障，故名“大屏山”。山上风光秀丽，怪石嶙峋，溪流淙淙，溶洞遍布，有名胜古迹40余处。上溯神道设教的古代，大屏山是萍乡佛教四大名山之一。据传这座山上曾有48座庵堂寺庙，其中以大屏山观音寺的规模为最大，即远近闻名的“吴楚古刹”。古寺有两阵山门，左为江西山门，叫“入我门来”，上书楹联：“海天色相无边界，吴越东南第一峰。”右为湖南山门。相比之下，江西山门更为古朴端庄。千百年来，常有和尚、道士来此讲经布道，吴楚古刹因此闻名千里。大屏山历史悠久，景观丰富。除吴楚古刹外，主要的文化景观还有：香山庵，景秀仙祠和美建龙王宫等。其北有景秀仙墓亭，中有景秀大庙，南有景秀文化大院，都是为纪念萍乡荷尧人彭景秀而建。这里群山环抱，每逢庙会，钟鼓齐鸣，香烟缭绕，前来进香的游客络绎不绝。大屏山不仅人文荟萃，自然景观也十分奇特，山上遍布奇石异洞，最大的溶洞有三处，这几个大溶洞可谓鬼斧神工，若入洞游览，如登仙山琼阁，令人叹为观止。大屏山主峰下还有

大屏山

★ **地址**：湘东区荷尧镇
交通：萍乡至荷尧客运直达
开放：全天
门票：免费
电话：0799-3491108

一天然的奇石群。

6. 六寨连营——广寒寨 >>>

“广寒寨”是湘东区的一个乡名，也是一座山名。它地处罗霄山脉北段，地势东南稍高，西北偏低，最高海拔为988.5米，森林覆盖率高达85%。这里群山竞秀，错落有致，陡峭处如青剑刺天，蜿蜒处如蛟龙起舞，奇峰怪石点缀其间，三条河环绕着青山，或缓缓流过，或奔流汹涌，激起阵阵水花，偶见高山平湖宛如山的眼睛，又是那样神而有韵，构成一幅幅美丽的山水画。

广寒寨地貌复杂，山岭陡峭，形成了现有的六个寨：广寒寨、黄家寨、金子寨、梁山寨、东江寨、鹅公寨。六大寨各有特色，争奇斗艳。其中以广寒寨最为有名，现在的地名也因此而来。

（1）广寒寨是一座英雄的山寨，其顶峰叫羊古脑，海拔988.5 米，是湘赣两省的天然分界线。相传三国时期名将黄忠曾在此安营扎寨，厉兵秣马，炼丹修身。20 世纪 30 年代，红军在这里燃起了革命的烽火，为湘赣两省的革命斗争做出了贡献。广寒寨上山势陡峭，特别是羊古脑顶峰，山脊宽度仅 1.3 米，且山石突兀，不能攀缘。距峰顶 50 米处，有一长方形约 10 亩大小的平地，看似人工作用而成，旁边有一个天然水池，峰顶生长着稀疏的灌木，该山上灌木素有“一木九曲”之称（由于海拔太高只适宜灌木生长，可灌木一到冬天树顶就被冰雪压倒，再无法直立起来，次年开春，树枝就在压倒处向上生长，如次年复一年，就有了树干一年一弯的现象）。山峰四处观望，只见成壑千峰，参差跌宕，重重的山像层层的浪，直涌天际，消失于烟云苍茫之中。

（2）黄家寨山势峻峭，海拔600米，与上述广寒寨相连，相传此寨为黄忠的前寨，寨下有个擂鼓坳，是黄忠下寨迎战擂鼓助威的地方。黄家寨上有个地名叫马颈里，其形似马颈，仰着头，气势昂昂，马颈左方有一平地，大小不超过一亩，有一清泉自山谷潺潺而下，右上方是前无忧寺遗址。

（3）金子寨因其山形似金字而得名，满山林木郁郁苍苍，也有说法是此山埋有金银财富，故以此立寨，相传曾有人为挖掘财富在山中寻找达3年之久。

（4）梁山寨在高仓村境内，据传曾有梁姓人家居住，绿林好汉在此扎过寨。此山寨地势险峻，其山腰有一块60多亩的平地，曾在1971年“农业学大寨”的狂热中作为开荒造田的示范基地，见证了当年的历史。

（5）东江寨位于郊溪村源头组，据传在古代有绿林人士在此立过寨，聚集许多人马，劫富济贫，杀赃官除害，且因地势险要，官府始终无法拿下此寨。

（6）鹅公寨位于大沙江境内，因形似鹅头上的冠而得名，地势险要，相传也曾有绿林人士在此扎过寨。

7. 绿色王国——四八门 >>>

四八门，坐落在湘东区境内罗霄山脉尾段，由苏瓜山、乌龟垅、楼下山等多座高山叠峦组合成大山群体，主峰四八门海拔为988.5米，其他山峰均在900米左右，东南向以官溪村（大沙江）为主，西北向以洞溪村（骆子坡）为主，总面积达2万多亩。

四八门风光幽雅秀丽，森林资源丰富，植被良好，奇花异草繁多，鸟语花香；常见珍禽异兽，生态环境优越。由于雨量充沛，土地肥沃，景区的所有植物生长茂盛，有森林活化石之称的“红豆杉”到处可见，四季常青。春天是花的海洋，漫山遍野的杜鹃花、樱桃花、红山茶花、金银花、梨花、桃花、山荔枝花等百花齐放；夏天是避暑的圣地，只要稍有微风吹动，不论是在住宅还是林区，都让人有种神清气爽、心旷神怡的感觉，还有在小溪内捉螃蟹，也颇具童趣。春天有山莓，夏天有樱桃、半榛子等果实，秋天野果到处飘香，大部分野果成熟了，天然猕猴桃、野人参果、山茶子、山荔枝、野香梨等任你采摘品尝。除此之外，观秋天红叶、冬春雪景更是美似画廊。

四八门景区四季分明，春天雾来时，将高山截成几段，云雾绕着山峰随风涌动，游客身临其境，真似腾云驾雾，步入仙境；夏、秋天云海峰顶之上晴空万里，山下大雨倾盆。晴朗天气里能朝观日出，晚看萍城，鸡鸣声响彻两省。

四八门是珍禽异兽活动、栖息的场所，有兽类山牛、麂鹿、獐、豹、野猪、狸、穿山甲等20种野生动物，禽类含雕、鹰、雉、斑鸠、野鸡、锦鸡、画眉等30多个品种，蛇类有五步蛇、眼镜蛇、金（银）环蛇、菜花蛇、刀背经等，还有国家二级保护动物金丝蛙，曾经也是濒危动物华南虎活动的区域。

8. 形如其名——婆婆岩 >>>

婆婆岩，位于芦溪县南坑镇七保村与湘东区麻山镇三山村交界处。包括脚庵、中庵（即普渡寺）、顶庵三座寺庙，其资源特点是自然景观和宗教文化在空间上的密切组合。据《江西省萍乡市地名志》载：“婆婆岩……面积四平方公里，植被为灌木林。山形俨如老妇，故名。”婆婆岩距县城 30 千米，海拔达 534 米，山上寺庙较多，除脚庵（普渡寺）和顶庵之外，仅中庵就有三圣殿、弥勒殿、伽蓝殿、接引殿及其他附属建筑 10 余间，总建筑面积达 1000 平方米，占地面积达 3000 平方米。寺庙依山而建，

婆婆岩

环境优美，绿树成荫，香火旺盛，吸引不少游客前来休闲度假。

9. 天然氧吧——罗家寨森林公园 >>>

罗家寨公园位于上栗县，地处幕埠山脉和罗霄山脉的交接处，离杨岐山风景区1.5千米。境内天然溶洞千姿百态，地形地貌独具一格。

罗家寨森林公园属鸡冠林场。公园风景秀丽，冬暖夏

罗家寨森林公园

凉，群山叠翠，林木葱郁，最高海拔达609.8米，山坡角度在20°—35°之间，水质和空气质量特优，森林覆盖率高，曾是华南虎等珍稀野生动物的休憩地。境内主要有杉、香樟、梓、枫、槲树和毛竹等树种，景区内人文景观有二仙庙、红军驻地遗址、红军烈士墓、烽火台、龙王寺、陪读柏、知表点等；自然景观有牛鼻洞、王仙洞、锣古洞、消水洞、枫叶谷、翠竹林等。是上栗正在开发中的集观光旅游、休憩、度假、科研教育、生态保护于一体的多功能大型森林生态旅游区。

10. 天门中开——石门山 >>>

石门山，莲花县的最高峰，主峰双石门海拔1300.5米，为罗霄山脉中段禾山余脉，莲花、安福、永新三县的交界山。地处莲花县路口镇，距县城20千米，沿省道吉（安）莲（花）公路可直达。山上奇峰连云嵯峨，因山上有两块巨石峭拔对峙如门，常年白云缭绕，故叫“双石门”，又被称为“天门”“白云峰”。石门山的奇松怪石、飞泉石洞、佳木芳草，堪称奇绝。山上主要景观有五童讲学、群仙观海、二仙对弈、和尚拜塔等。石门

石门山

山杜鹃花海非常壮丽，红花映铁崖的景象宛如画境，为摄影创作佳地。怪石耸立的石门山也是宗教圣地，《徐霞客游记》记载的就有石门山寺等。传说有位金仙在山顶参禅修道，常与武功山的葛仙一道游玩。至今可见金仙炼丹的石屋、葛仙拴马的石柱。

11. 风景如画——羊狮幕 >>>

羊狮幕位于武功山北麓，主峰海拔为1670米。羊狮幕北邻明月山，南接武功山金顶，方圆约30平方千米。萍乡、宜春、安福两市一县在此接壤。羊狮幕山势雄伟险峻，峰峦层叠，石柱嶙峋，沟壑纵横。站在羊狮幕向四周眺望，林海茫茫，千峰万壑，尽收眼底。羊狮幕风光秀丽，地形奇特，植被丰富，以其自然景观而闻名。

- **地址**：武功山风景名胜区万龙山乡槽下村
- **交通**：萍乡南站客运班车直达
- **食宿**：灵芝峰大酒店、万龙聚大酒店
- **开放时间**：全天
- **门票**：免费
- **电话**：0799-7661221

羊狮幕景区有5个国家级一级景点，即如来佛掌、花果山、金鸡迎春、仙盆松、穿云石笋。羊狮幕有

羊狮幕

三大特点：一是奇峰怪石，二是古树珍禽，三是飞瀑流泉。奇峰有夫妻峰、花果山、梦笔生花、穿云石笋等，这里的古树有千年银杏、千年红豆杉、南方铁杉等，这些古树大多生在半山腰以下。这里有锦鸡、斑鸠、鹧鸪等珍禽，以及虎皮瀑、夫妻瀑、狮泉三叠等瀑布。

羊狮幕盛产药材和茶叶，山中的“沈家大院”在明清期间曾是一个大屋场，当时这里人丁兴旺，做着药材营生，后毁于匪患。据《萍乡县志》记载，在明朝末年，羊狮幕每年进奉皇宫“大红袍”贡茶，持续30余年。

【链接1】羊狮幕的传说

羊狮幕原来只是一座无名荒山 。有一天，来了一只羊，她是偷偷从家里跑出来的，因为她要逃避一段自己不能选择的爱情，她的家人把她嫁给了一只狮子 ，狮子很粗鲁 ，羊见过他一次后，马上逃走了，她不敢回家，只能流浪，来到了羊狮幕，羊单独在这座山生活了很多年。后来，狮子也来到了这座山，原来狮子为了找羊四处奔波，他第一次见到羊就爱上了她。 狮子看到羊后，热血沸腾，热泪盈眶，他冲过去抱住浑身发抖的羊，大声表白：“羊，我爱你！”洪亮的声音在山谷中回荡，羊被吓坏了，她看到狮子的时候，以为自己的末日来临了，羊心里想：“就是死，也不能让这禽兽得逞。”于是她拼命挣脱了狮子，转身跳下了万丈深渊，羊死了。狮子没有想到会有这样的结果，守望着羊跳下去的地方，一直等待，一直等待，希望有一天羊能够回来，直到化成巨石。羊死后，洁白的羊毛化作阵阵白雾，缥缈虚无，萦绕着整座大山，从此，羊狮幕有了幕。

【链接2】夫妻峰的传说

羊狮幕景区有一对石笋双峰，又叫夫妻峰。它源于一个神话传说，说是有一对恋人殉情而变成这双石峰。话说在槽岭这里有个青年叫石仔，有位姑娘叫小翠，两人相亲相爱，小翠家里是财主，父母不准女儿嫁给穷小子石仔，并千方百计进行阻挠。一天，石仔和小翠相约来到山岩上，手拉手含泪说：“今世我俩不能成为夫妻，就来世再做夫妻吧。”于是双双跳下了深渊。后来，深渊中长出了这两座石笋峰，两峰晨昏厮守，相依相伴，常年在仙风缭绕、云雾变幻之中伫立着，显得格外美丽。当地百姓称之为夫妻峰，高一点的山峰是石仔，矮一点的是小翠。

12. 小家碧玉——发云界 >>>

发云界坐落在万龙山境内，海拔为1600多米，是武功山、羊狮幕的姐妹山，处于两山之中。发云界顶部山势平缓、山丘连绵，是一片广袤无垠的高山草甸，这里视野开阔，云淡风轻，景色秀美，气候宜人，是夏秋两季的休闲良所，可以使人尽览苍茫的“草原风光”。“猛虎跳墙”“九鳅落湖”“仙人下棋”等景致形神毕肖，美不胜收。发云界是袁河的源头之一，沿河而上，一路飞瀑流泉，让人目不暇接。发云界是一个天然的动植物园，遍布着珍贵的植物群落。每到深秋时节，就会呈现“霜叶红于二月花”的醉人风景。山间有水鹿、野牛、无尾猴、鹿、娃娃鱼等珍禽异兽。这里还留下了许多大革命时期的历史遗

- **地址**：萍乡武功山风景名胜区万龙山乡龙山村
- **交通**：萍乡南站客运至华云、萍乡长运武功山快巴至华云，再经华云出租车至龙山村
- **开放**：全天
- **门票**：免费
- **电话**：0799-7661221
- **食宿**：龙发山庄

发云界瀑布（彭小龙摄）

【链接】邹元标葬母

在发云界山顶，有一处墓葬，相传为邹元标母亲之墓，可惜在20世纪中叶被盗墓者破坏，至今只留下几块零乱的棺木和歪斜的墓碑。

邹元标，字尔瞻，号南皋。江西吉水县县城小东门邹家人，明代东林党首领之一，与赵南星、顾宪成号为“东林三君”。邹元标官至吏部给事中，可谓仕途远大。但是他刚直不阿，多次犯颜直谏，以致数次遭贬，是中国古代历史上一位宁折不弯的著名大臣和学者。在他的家乡吉水县，至今仍流传着“割不尽的韭菜地，打不死的邹元标”的歌谣。

邹元标平生好游历，尤喜家乡江西的山水风光。官宦之余，数次上武功山游玩。同行的有邹守益、刘狮泉、张程等理学师友。某年初夏的一天，风和日丽，邹元标携数友，兴致勃勃来到发云界，这地方高出云端，山腰云雾缭绕，常现云蒸霞蔚之美丽景象，故有此名。邹元标一行奋力攀登，当快爬到山顶，气喘吁吁、口干舌燥之时，发现前面断崖下有一汪泉水，众人大喜，急奔而去。突然，一只王字吊额猛虎从泉水后的草丛中猛然蹿出，发出一声怒吼，纵身跳过断崖而去，倏忽不见。邹元标惊慌之余，定睛一看，泉水后竟是一块猛虎跳墙的风水宝地。邹无标暗喜。若干年后，邹元标的母亲病逝，他不远数百里，从吉水老家扶柩，将母亲葬于此地，并亲手写下“日有千竹扫地，夜揽万盏明灯”的墓联。

迹。发云界现处于保护状态，未进行开发，是驴友热衷的户外穿越之地。

13. 山水俱佳——玉皇山 >>>

玉皇山景区处于芦溪、莲花、安福三县交界地区的芦溪县张佳坊乡杂溪村境内，位于国家 AAAA 级景区武功山的西部，系武功山余脉；位于国家 AAA 级景区明月湖的东南部，为明月湖之源头。这里山清水秀，群山环抱，峭峰耸立，植被茂密，乃生态佳境、天然氧吧。早在唐代，山上即建有玉皇山寺，为当时萍乡县（今萍乡市）南重要的宗教场所。玉皇山旅游资源丰富，主峰花轿顶至沙河，杜鹃遍山可见，每年 4 月下旬，千亩杜鹃映山，恰如一条红色飘带飞扬于玉皇山巅，奇美、壮观。

张佳坊乡龙上玉皇殿

同时，还有古教宝塔、撑腰石、笼床石、啸天龙崖、千丈回音崖、毡帽顶、奇松揽月等美景。江下瞿田峡，四周环山，景色迷人。一条小溪沿峡谷蜿蜒数千米后，流入下游明月湖，注入萍水，最终汇入洞庭湖。2012 年，瞿田村利用瞿田峡水面开阔、水流平缓、植被好的自然条件，发展以竹筏游为主要项目的农家乐旅游项目。此外，玉皇山尚有树化石带、千年夫妻红豆杉等独具古色、绿色的特色景点 10 余处。

14. 溯溪佳处——大王庙 >>>

武功山大王庙景区坐落在万龙山境内，还未经开发，属原始生态区、国家生态地质公园。瀑布、小溪、深潭、灵芝、珍稀植物、原始森林是大王庙的特点之一，如遇雨季，这里的瀑

大王庙瀑布

布群更是壮观。中国最大的活体灵芝，就是在大王庙发现的，现保存在萍乡博物馆内。大王庙得名，是因原来山上建有纪念药王孙思邈的庙宇，但历经风雨，庙宇不复存在，只存遗址。大王庙山清水秀、空气新鲜，号称“萍乡的九寨沟”，是三伏避暑、溯溪观瀑的理想之地，景区里生态环境原始，森林茂密，雨水充足，行人罕至。另外，景区里有三大瀑布：大王庙瀑布、虎纹瀑布、三叠泉瀑布。

15. 暮鼓神钟——钟鼓寨

钟鼓寨景区位于东桥镇中部，主要由草市、兰台、东桥、茶红几个村组成，属丹霞山脉地段，这里山清水秀，风景优美，交通便捷，是休闲旅游之胜地。该景区主要有钟鼓寨、孩儿坐栏、马脑寨、筒车大坝等几个特色景点。

钟鼓寨位于东桥西南，其北临草水金鸡潭，南有巍巍鹅公山作屏障，以山形来命名，西有钟山，形似为东桥报晓的巨钟，其东为寨，形似香炉，故取名为香炉寨。钟寨之间是鼓，三山合为钟鼓寨。三山之中，鼓山高且平，山顶有旱地近千丈。山腰多岩，其东面一岩石最大，岩内是包公庙。春秋佳日，朝晖夕照掩映山石丛林青绿分明，劲松绿竹青翠如洗，阴雨迷蒙之日，则浓云覆盖山峰，如此时登山，犹如腾云驾雾，颇有已成仙之感。鼓山东面，山顶紫石一脉向下延伸，形如鼻梁，沿着鼻梁而下，数百级石阶犹如悬空，令人毛骨悚然。传说清代常见有武功高超之士，占山为王，据险为寨。清代诗人邓寅曾游此山，留有绝句云：“尖峰顶上对平峰，午后晴云雨后松。想是仙岩楼佛镜，高悬暮鼓和神钟。”这是对钟鼓寨的绝景做的很好的描绘。

（二）水境旖旎

1. 高峡平湖——山口岩水库（武功湖）>>>

武功湖，即山口岩水利枢纽，位于芦溪上埠镇、张佳坊乡、新泉乡境内，开建于2007年，2013年建成。工程总投资为4.494亿元，是一座以供水、防洪为主，兼顾发电、灌溉等综合功能的大（二）型水利枢纽工程。坝址位于上埠镇山口岩村，控制流域面积达230平方千米，水库总库容为1.05亿方。淹没区涉及芦溪县上埠镇、张佳坊乡、新泉乡3个乡镇的18个村民小组，淹没总面积为3.804平方千米。

武功湖景色秀丽，两岸绿树成荫，野花飘香。风和日丽之时，湖水如镜，天水相连，银光闪闪，是理想的避暑胜地。武功湖建设带来的直接经济效益，除了可观的电力供应外，旅游收入是人们颇为期待的一个亮点。未来的萍乡旅游，将是由武功山的山和山口岩的水而构成的新的大旅游格局，萍乡的美丽山水图上，将添上山口岩高峡平湖这一抹柔美的色彩。

山口岩水库风光

2. 明月湖

明月湖，又名坪村水库，位于萍乡市芦溪县境内，渌水支流南坑河上游，水面面积为 1050 亩，水深 41 米，水质清澈，四周森林环抱，绿树成荫，风景秀丽。四季气候宜人，环境清雅，远离城市喧嚣，空气中富含负氧离子，夏季日平均气温比市区低 3℃ -5℃，是都市人休闲度假、戏水游乐、亲近自然的理想之处。被游客誉为“天然大氧吧”“萍乡北戴河”。

明月湖是一座园林式花园水库，景区已形成水上游乐中心、景观游览区、宾馆度假区、商业服务区、管理服务区、农家乐等较为完善的旅游功能体系。整个景区占地面积达9.23平方千米，由5个特色景区组成：水上游乐景区，除了可以领略迷人的湖光山色外，游客还可以体验戏水游乐、水体健身、游泳垂钓的乐趣；百转溪流景区，有丰富的植物景观和幽深的溪流景观，有千姿百态的清泉秀水和形态各异的险峰怪石；婆婆岩景区，十里杜鹃长廊的盛况远近闻名，还有江南罕见的建在悬崖峭石上的民间庙宇；欢乐农家景区，游客可品尝特色美食佳

明月湖

肴，采摘生态蔬菜水果，欣赏山村田园风光；明月峡漂流景区，是将游览湖光山色、石洞探幽、峡谷惊魂、瀑布穿越、品味田园诗情画意完美结合的顶级漂流项目。

地址：萍乡市芦溪县南坑镇坪村
交通：萍乡南站客运至南坑
开放：全天
门票：免费
食宿：芦溪西地亚商务酒店、万云宾馆
电话：0799-7521001

3. 八洞碧湖 >>>

八洞碧湖景区位于芦溪县长丰乡境内，由锅底潭水库、碧湖水库以及长丰河沿途的奇山异洞、深林茂树等自然景观组成，平均海拔 550 米，最高处海拔 1100 余米，总面积达 76 平方千米。

八洞碧湖风景区喀斯特地形地貌显著，故天然溶洞分布众多，形态万千，极具游赏价值，其中锅底潭水库周围就有8个较大的天然溶洞，这一带由此得“八洞观”之名。而整个景区一座座峻峭山峰，沿长丰河争相竞秀，远观成画，近可探奇。若顺河而下，两岸风光或雄或秀，令人应接不暇，颇具小三峡之气势。

八洞碧湖风景区旅游资源的特点如下：一是以山秀见长。八洞碧湖景区内的山峰没有金顶等武功山主峰的高大雄伟，但

均具灵秀之气，错落有致，山上林木葱葱，一些危岩怪石若隐若现，湖面小岛星布，使这里的山有着国画般的意境。二是洞以奇取胜。八洞观一带的天然溶洞就有数十个，其中可供游赏的有10余个，许多溶洞还在民间流传着引人入胜的故事，是探险览胜的佳境。三是水以净迷人。这里植被丰富，原生态环境完整，水质极为洁净，对有着天然的亲水性而且追求自然的现代人来说，无疑具有强大的吸引力。四是气候以凉爽著称。平均海拔为550米，且四周高山环绕，故四季气候温和，冬无严寒，夏无酷暑，是极佳的避暑胜地。

【链接】铁拐李与八洞碧湖

在长丰乡磨桥村锅底潭流水库源头边上，有一个铁拐李神洞，那是一个长达1万米左右的大溶洞，能通往莲花县六市乡大石村，传说铁拐李每过长丰必到此处歇脚、住宿，修行打坐。洞内还有一个长30米、宽30米、高30米的荷叶大厅，除了有迎客仙龟、蝙蝠悬梁、铁拐李偷看今朝、神蛙降世等怪石外，还有石桌、石凳、石碗、石筷子，传说八仙还在这石桌上吃过饭。据传在铁拐李神洞上去1500米左右的地方，有一妇人欺压其儿媳妇，动不动就用棍子打、用针刺，她在外称王称霸，谁也不敢动她，邻居家养的鸡、鸭，都被她据为己有。有一次铁拐李伪装成一个乞丐到这妇人家讨一勺缸内的水喝，妇人冷笑着说：“冷水要人挑，开水要人烧，你这个老乞丐可甭想喝。”说完就把门一关 。铁拐李就取下妇人家腰门上一件棕蓑衣，在妇人家朓水井上盖了一下，这井水就没有了，从此妇人就无法担水了。后来长丰人就把这地方称为塔（塌）水下。

地址：萍乡市芦溪县长丰乡磨桥村
交通：萍乡至莲花班车在锅底潭水库下车
开放：全天
门票：免费
食宿：锅底潭水库山庄
电话：0799-7621319

八洞碧湖

4. 仙峰岩生态度假区 >>>

仙峰岩生态旅游度假区地处萍城西郊，距城区仅2千米，且有萍麻公路、安五公路和建设中的中环西路连接景区，交通便捷。项目区地形以平原与丘陵为主，地势蜿蜒起伏，西部最高点为略下仙峰岩主峰，海拔为427.4米，是萍乡市区的最高峰。仙峰岩生态旅游度假区地处中纬度，属亚热带湿润季风区，气候温和，四季分明，光照充足，霜期较短。度假区内水资源充沛，有国家小（二）型水库1座，蓄水量约为20万立方米。目前景区山林面积为3000亩，森林覆盖率达75%以上。在资源组合方面主要是山体、水域、竹林、农田等相结合，生态资源、山林资源和水资源相对突出，有丰富的生态植被和动物种类。

仙峰岩水库

5. 万龙峡漂流 >>>

万龙峡漂流起漂地距万龙山乡政府驻地4.5千米，距羊狮幕景区14千米，交通极为便利，并与其他旅游项目严密对接，尽得天时地利。该项目选址在万龙山乡境内，发源于羊狮幕的易红江下游河段。该地现为萍乡市爱国主义教育基地。同时，这里还流传着宋代“洪江女”的美丽传说，具有丰富深厚的文化内蕴。该河段森林覆盖率为87%，每年5月至10月日平均气温为24.6℃，负离子含量极为丰富，人称“天然氧吧”。此处河水长年透明澄澈，如飞珠溅玉，富含多种有益于人体的微量元素，可直接饮用。河道蜿蜒跌宕，河谷幽深，四面山体陡峭，怪石

万龙峡漂流

嶙峋，树林荫翳，河水清流激湍，时平时缓，可谓步步为景，处处怡人。其自然资源条件得天独厚，为我国中部地区最佳。漂流河道全长3.98千米，漂流起始点落差168米，水流量达每秒1.5米。万龙峡漂流是高落差漂流，是真正的峡谷漂流，让人们可以体验到“男人一路欢笑，女人一路尖叫”的惊险刺激，感受到“浪尖上的舞蹈，飞瀑中的游戏”的浪漫情趣。

地址：萍乡武功山风景区万龙山乡东坑村

开放：每年6月底至9月，9:30–16:00

交通：萍乡南站客运中巴直达、萍乡北站（长客）武功山旅游快巴可达

票价：158—218元每人，订票电话：0799–7661888

6. 凤鸣湖景区 >>>

凤鸣湖景区位于上栗县境内，距离上栗县城5千米，也称新坝水库，建于1958年，紧依杨岐山，水库库容达387万立方米，主要景观有凤鸣湖、凤鸣桥、山岩祠、新坝民俗村等。碧绿的湖面如绿宝石镶嵌在青山之间，湖岸曲折，港汊众多，湖中小岛郁郁葱葱，山光水影，碧波清幽，美不胜收。湖中央有三座四季常青的小岛，湖畔还有奇山异石的庙泉山，风景迷人，可垂钓、划船、游泳，是休闲度假之胜地。

7. 枣木水库 >>>

位于上栗县桐木镇枣木村，距离上栗县城25千米，与宜春市水江乡小洞村接壤。属于省级中（一）型水库，是上栗县

枣木水库

城上游的一座集防洪、灌溉、发电等功能为一体的综合枢纽工程。该水库始建于1970年，现属于上栗县直接管辖，集水面积为48平方千米，总库容为1380万立方米。水库呈带次分布，四面环山，水质纯净，现有天然浴场，宜垂钓，交通十分便利，距上万公路3千米。此地还设有两家农家山庄和宾馆，十分适合休闲旅游。

8. 天堂湖 >>>

天堂湖是一座人工湖，位于上栗县赤山镇枫桥村，水面面积为1050亩，库容量为1200万立方米，为萍乡最大的休闲度假

天堂湖

湖。天堂湖三面环山，一面是大坝，大坝高20米，长140米，呈带状，湖中有小岛，岛上树木丛生，参差不齐，透着勃勃生机，湖底有连绵起伏的青山。萍宜高速道路的开通，使得天堂湖的交通更加便利了。目前天堂湖已经建成得月楼、百利度假村、天堂湖避暑山庄等各具特色的现代化建筑，点缀在青山绿水之中，别具风情。

9. 星亮水库 >>>

位于上栗县长平乡，库区与上栗镇杨岐寺相距10余千米，与福田孽龙洞相距仅8千米。地处杨岐山脉边陲，始建于1958年，库区占地面积为4000余亩，其中水面面积为400亩，山地面积为3600亩，集水面积为10平方千米，库容量为740万立方米。库区山上树木葱绿，山腰果树成荫，山下库水荡漾，是集种养、生态休闲、旅游为一体的黄金宝地。库区有一家宾馆——星亮山庄，其主要服务项目有住宿、餐饮、会议接待、休闲、度假等。

地址： 上栗县长坪乡狮形村
开放： 全年
交通： 萍乡客运班车可到长坪
门票： 免费
联系电话： 0799—3624688

星亮水库

10. 广寒寨塘溪漂流 >>>

塘溪漂流区位于湘东区广寒寨乡北面塘溪村，坐落于碧湖潭国家森林公园境内，距离市区约40千米，是周末游、短假休闲游的理想去处。这里溪流资源丰富，山涧溪流九曲十八弯，风光旖旎，秀美异常。这里交通便利，人文景观丰富，是赣西

塘溪漂流

地区唯一保存完好的知青点，同时也是当年百万红卫兵上井冈山——韶山的供给点。

该漂流河道全程为8千米，聚泉成河的溪流，浑然天然，全程大小落差不断，使得漂流整个过程有惊无险。河道两侧峰峦叠翠，峡谷幽深，植被茂密；河道中怪石林立，碧水幽幽，山涧溪流、瀑布繁多，风光醉人。塘溪漂流区不仅仅是带给休闲旅游者一路的惊叫与欢笑，较完善的旅游服务配套设施和规范安全的旅游管理，还会给休闲旅游者留下无穷的想象和回味。

地 址： 江西萍乡市广寒寨乡塘溪村
交 通： 萍乡至广寒寨客运班车可达
门 票： 128元
开 放： 9:00—17:00

11. 莲花湿地公园

该湿地公园位于莲花县城东南部的莲江两岸。莲江湿地公园是全省 23 个省级湿地公园之一，包括区域内的莲江及其支流白马河河道湿地，以及周边的森林生态系统和乡村湿地等，其总面积为 135 公顷（含水域）。莲花湿地公园分为以下 6 个功能区：（1）白马河饮用水源保育区。（2）双江口湿地区，包括湿地生态过滤场、人工生态漂岛、湿地花卉园。（3）邻城湿地休闲区，包括莲江水体优化、水质保育、人工漂岛、驳岸、木栈

莲花湿地公园

道、亲水平台、景观亭以及休闲文化广场。（4）湿地宣教展示区，包括湿地展示图、湿地博物馆、湿地文化长廊、湿地公园标志性建筑和湿地体验园。（5）莲江天然湿地保护区，包括水质保育、河滩栖息地保护。湿地公园是莲花一江两岸工程的重要组成部分，建成后，它将成为周边县区唯一一个集休闲度假、旅游观光、科学研究、教学实习、科普宣传和青少年自然知识教育于一体的湿地景观基地。

12. 河江水库 >>>

河江水库，是一片纯洁的处女地，它位于莲花县六市乡鸡子寨东偏北2.6千米山林深处，由高山泉水汇集而成，水质清澈如玉，被称为“女儿绿”。该水库所在地为河江村，于1968年

河江水库

兴建。所属水系为湘江水系渌水支流六市河，与赣江支流莲江不属同一水系。集雨面积为28.6平方千米，总库容量为1082万立方米，灌溉面积达1486.7公顷，系中型水库。

河江水库恰如幽居在山谷的佳人，天生丽质，冰清玉洁。由于远离了现代工业与人类生活的污染，湖光山色呈现出原生态的素雅之美，自然繁殖的鱼类品种丰富，是人们垂钓、游泳的理想场所。

13. 神泉湖 >>>

神泉湖即楼梯磴水库，中型水库，建于1965年，地处莲花县神泉镇瑶口村，所属水系为禾水上游莲江支流大沙洲水，发源于神泉棋盘山。该湖集雨面积为47.4平方千米，总容量为1314万立方米，灌溉面积达1.83万亩，现建有库区管理用房、配置快艇、游船等水上设备，同时饲养10余万尾鱼供游客闲钓，未来它将利用周边良好环境大力发展养殖业，打造集休闲、娱乐、观光于一体的风景旅游区。

神泉湖是一座月牙形的湖泊。澄碧的湖水静静躺在大山的怀抱里，如长河一湾。或垂钓，或划船，或野营，尽享湖平水阔、水天一色的自然景象。湖心岛如盛在碧玉盘里的青螺，岛上有休闲的楼馆。神泉湖的东南面，还有竹湖桃花山庄，可供游人赏花、摘桃，体验农家生活。

神泉湖

（三）奇洞探秘

1. 江南奇观——孽龙洞 >>>

孽龙洞景区自然和人文资源丰富，主要有孽龙洞、四十八窝、洗剑泉、渔鼓筒、万竹园、棚民起义根据地（射箭场、跑马坪、舍身崖、隐朱洞）、鸳鸯湖、鸳鸯洞、八仙岭、怪石岭、孽龙山、仙人下棋、海螺公园、虾米洞、猴子爬石、冷水塘、万寿宫、三宝树（松柏、黄连木、古樟）、白马庙。其中孽龙洞属于国家AAA级景区，位于萍乡市城区以北13千米处的上栗县境内，是形成于1.8亿年前的天然溶洞，4200余米长的自然景观及地下河，蜿蜒曲折，溪水相伴，水随洞而转，洞因水而活。平坦处溪水如镜，似玉带飘荡，断层处跌落成瀑，飞瀑声如春雷滚滚，岩缝中不时有清泉涌出，其声如铃似琴。洞中岩景独特，石乳有的如玉雕，有的像刺绣，似人似兽，若物若影，惟妙惟肖。洞内厅廊相连，最大的洞厅高达30余米，可容纳近千人，最窄处需侧身而过。石笋、石花、石幔玲珑剔透、千姿百态，兼静赏动观之妙，赋形象思维之乐，形成一个

孽龙洞奇景——洞天飞瀑

孽龙洞奇景——百米画廊

蔚为壮观的雕塑艺术长廊。洞内景点多达100余个，需游览两个多小时，既是最佳避暑胜地，也是天然岩溶的标本库。洞内怪石、清风、流泉、飞瀑被称为“洞中四绝”。洞内常年恒温，保持在18℃，冬暖夏凉，特别是洞内的洞天飞瀑，被地质和园林专家称为见所未见、闻所未闻的奇观。此地于1983年被中国著名古建筑园林艺术专家、同济大学教授陈从周先生誉为“天下第一洞”“地下艺术长廊”。

地址： 萍乡上栗县福田镇青溪

交通： 萍乡汽车北站乘车沿319国道至上栗途中下车

开放时间： 每天8：00—20：00（最佳游玩时间为夏秋季）

门票： 每人100元

电话： 0799—3611080

【链接】孽龙洞的传说

传说很久很久以前，江西志士许逊和一个叫乜龙的湖南后生同在一所私塾里念书，同窗数载，形影不离。话说有天乜龙从东海龙王那里盗来一颗夜明珠，便背着许逊悄悄地将珠宝吞进肚子里。从此以后乜龙既不想学习功课，也不认人了。学堂里的先生和学友们多次劝他改邪归正，乜龙非但不听劝告，反而辱骂他人。乜龙经常深更半夜独自跑到河里游泳，久而久之其游泳技术也的确有很大提高，同时身上长出几片鳞甲，妖气沾身了。一日，狂风大雨、雷电交加，乜龙的狼子野心终于暴露了，他洋洋得意地冲着许逊说：“等我修炼到能掘洞引水时，我要把个江西变成东海，让杨岐山做个小小的钓鱼台，我要做东海龙王！”江西志士许逊听了乜龙这般狂言，顿时怒发冲冠，决心学道得法，降服孽龙。三年来，孽龙妖气浓浓，真的能钻洞引水了，它每到一处，总要给人们带来极大的洪水灾害，不是房倒屋塌，便是淹没庄稼、浸没村庄。饱受灾难之苦的百姓对孽龙害人作怪之事恨之入骨，日夜期盼能有一个除邪治妖的救世主出现。此时，许逊从师傅云游真人那里苦心修炼，学已大成，他接过师傅所赠的斩妖镇邪宝剑，腾云驾雾回到江西萍乡。孽龙见之顿时惊慌失措，四处逃遁。许逊仗剑斩孽龙，只见他摇空一剑，便剁下了孽龙48片鳞甲，陷成洼地，就是如今杨岐山一侧一个叫“四十八窝”的地方。孽龙负伤潜藏地底，钻山引穴，撞角甩尾，挖出一洞，潜影藏身，它养息巨创之地就是今之旅游圣景“孽龙洞”，洞内曲折回绕，全长近5000米，上下翻转形似巨龙摆尾，形成一个蔚为壮观的天然雕塑艺术长廊。

2. 燕子洞

位于安源区白源街大陂管理处岩下组，距 320 国道 2 千米，由两个洞组成，当地群众分别称之为“风洞”和“反洞”。风洞由 4 个大小不一的洞庭组成，进口处仅为 1 米，全长约为 100 米，最高处达 20 米，最大洞庭面积为 550 平方米，洞内总面积约为 1400 平方米；反洞进口处为 2 米，洞的走向为地下 300—400 米，全长约为 350 米，最高处达 8 米，最窄处为 0.5 米，最大洞庭为 200 平方米，洞内面积约为 1750 平方米。洞内岩石为沉积岩类（沙石），洞顶有山泉滴水，还有大量蝙蝠生存于此，洞内无石钟乳。

3. 九龙洞

九龙洞洞口位于上栗县东源乡石源村境内，洞内景观奇绝，可与孽龙洞媲美。现已开发 2467 米，可供游人观赏。据水流判断，该洞全长约为 2.5 万余米，穿越 3 个乡镇（东源、福田、上栗）7 个村，没有人探访过该洞全程。洞内流水不断，时隐时现，淙

九龙洞

淙不绝，且有鱼类嬉戏游弋其中。大洞小洞相连相套，人至其中宛如身陷迷宫，进石源洞口后 1350 米处洞分而为二。窄小处需匍匐而行，宽敞处达 2000 平方米。洞内石钟乳千奇百怪，遇光而熠熠生辉，色彩变幻无穷，叩击时音调或高亢清越，或低沉浑厚，宛如仙乐。有“神女浴”“仙乐架”“水中花”“龟探路”“傩面首”等奇绝景点数十处。

4. 曹源洞 >>>

位于湘东区北部，离湘东城区中心3千米。因其位置在洞岭之下，又由于洞中溪流源自曹泉山，故被称为金山曹源洞。洞内遍布钟乳石、石笋、石花、石幔，玲珑剔透，千姿百态。曹源洞分干洞和水洞两部分，干洞长约600-700米，最大的地方可容纳1000多人，高处达40米。入洞步行10来米，有一长15米、宽20米、高30米的大厅，四周乳石丛生，上下犬牙交错，中间有1个九品莲台，一形似于观音的石人端坐于上，又有一小石人拜伏于前，宛若真人。水洞蜿蜒曲折，时大时小，时高时矮，泉水自潭底涌出，从石缝中流出洞外。水中常见鲤鱼游走，此水常年不绝，灌溉着千亩良田。

5. 莲花潮水洞 >>>

位于莲花县坊楼镇峙龙口（境北邻东边村）附近。据史料记载，潮水洞“洞水浩渺，每子午二时涨满。汹汹内出，戛然鸣球，阴风怒号，如鼓角半空，铁骑千里。汹汹乎广陵钱塘之涛无以过之。”据1986年4月实地观测，该洞涨潮每次流量约为20吨，涨潮之声震耳欲聋。中央电视台《地理中国》栏目曾以《潮洞疑云》为题，对潮水洞进行了科学解密。

6. 石城洞 >>>

位于莲花县闪石乡境内，距县城 27 千米，沿省道吉（安）莲（花）公路再转乡村公路可直达景区。石城洞原名书林洞。洞内钟乳石千姿百态，美不胜收，主要景观有华表待鹤、仙兔望月等十八景，以及读书石等古迹。另有风、雨、雪三洞，各具特色。据《萍乡县志》载：明万历年间，著名理学家、文学家刘元卿游历此洞后，发现洞口大如城垣，洞内小洞交错勾连，犹如城市街巷，于是观其形将之命名为“石城洞”。并在石城洞旁创建复礼书院。明朝旅行家徐霞客多次游览石城洞。《徐霞客游记》记载：“过石洞北，乃西南登一小山，山石色润而形巉。由石隙下瞰，一窟四环，有门当隙中，内有精蓝，后有深洞，洞名石城。”他见洞甚奇，又返回重游。

石城洞景

7. 元阳洞 >>>

莲花县玉壶山西南麓的元阳山有个元阳洞，它的奇妙之处在于洞内隐藏一条暗河，至洞口方才显露出来，暗河之深广足可行舟。是历史悠久的名胜古迹，洞旁的元阳观建于三国东吴赤乌年间。历代名人骚客慕名而至，托隐于兹。唐朝开元名相姚崇年轻时曾经随母亲隐居于此，用功苦读。被尊为地学祖师的杨筠松也曾在这里闭关修炼。元阳洞前，杨筠松栽树莳花，他种的数棵杏树，传说“花开十丈实如斗”。洞侧石蹬上隐约可见两个巨大的脚印，传说是杨仙种杏树时遗留下来的。杨筠松好道，也爱吟诗题字，他曾在元阳洞旁的石壁上凿刻了一首诗：“偶过元阳抚旧栽，琳宫几度杏花开。洞天怪我多生别，五百年间又再来。”被后人称为《铁笔诗》。据说，杨筠松在元阳洞得道成仙了。

【链接】姚崇发迹于元阳洞

公元 671 年的盛夏，一位气宇轩昂的年轻书生倒背着双手，踱进了玉壶山下的元阳洞内。他便是后来成了盛唐名臣、位居宰相的姚崇。姚崇游览完元阳洞和元阳观之后，眼界大开，似乎沾染了不少仙气，并决意在此隐居，遂筑凤凰台潜心攻读。他常常废寝忘食，然而收效甚微。一日执卷，恍惚之间进入梦境。一位仙风道骨的老者含笑进来。姚崇顿时一惊，急忙起身相迎。对方微微笑道：“姚崇，你的造化来了。我乃天上文曲星下凡，前来助你一臂之力。”姚崇大喜过望，听闻赐教。文曲星从长袍袖中掏出硕大的鲜桃递给姚崇，道：“食之自有好处。”姚崇欲发问，老者说，天机不可泄也。姚崇拜谢，仙道飘然而去。一声鸡啼，姚崇惊醒，果然见到案上蟠桃。他抓起便吃，顿觉醍醐灌顶、茅塞顿开，从此悟性大长、过目不忘。之后他果然功成名就，成为一代名相。

（四）温泉养生

武功山西海温泉度假村

五星级温泉酒店

武功山西海温泉公司迎合国际温泉养生潮流，秉承“庐山西海国际温泉度假村”项目先进的开发理念，倾全力打造我国中部地区的第一大温泉度假村，项目投资规模达8亿元，建筑面积为22万平方米，由酒店服务区、温泉洗浴区、温泉养生住宅区和商业及公共服务区四大功能区组成，建设以温泉养生为主题，集观光旅游、休闲度假、会议培训、健身娱乐于一体的多功能度假村。园区设计本着回归自然、融入自然的理念，注重将建筑与原生态环境融为一体。度假村园区绿化率达60%以上，各式建筑依山傍水、错落有致，游客可享受群山环抱、溪

地址：萍乡武功山风景区万龙山乡东坑村
交通：萍乡南站客运中巴直达，萍乡北站（长客）武功山旅游快巴可达
开放时间：全年
门票：依季节而定
电话：0799-7661333

西海温泉度假村全景

水潺潺、飘云绕梁的仙境桃园景色，以及绿色家园和度假生活的乐趣。度假村建有功能齐全的五星级温泉养生度假宾馆。武功山西海温泉出水温度可达60余摄氏度，是优质氡温泉。温泉水含有硫、锂、锶、锌、碘、硒、偏硅酸等多种微量元素和矿物质，在改善血液循环、降血压及治疗心血管疾病、风湿病、皮肤病、关节炎方面均有明显疗效。项目建成后，此地将成为萍乡市标志性人文景区，为带动萍乡旅游产业发展创造良好的社会、环境和经济效益。

（五）公园休闲

1. 萍乡名片——鹅湖公园 >>>

萍乡市鹅湖公园位于萍乡市城区中心北面，经过公园南北两个大门分别是公园路和滨河东路，交通十分便利，道路畅通。公园面积为400亩，其中水面面积为170亩，于1993年9月建成正式开放。

公园由著名的上海同济大学司马铨教授组织设计，建设充分利用原有的自然地形特点，突出公园水体主题，扩大水面，组织水系，以水带景，挖人工湖、池造景，以丰富水景层次，形成亭、桥、水榭、台、花、草、树木等以水带景的明净园景，园内有人工湖亭廊、水榭、翠竹园、昭萍艺苑、桂花园、

鹅湖公园全景

公园一角

雪松草坪、水杉草坪、桃花岛、香樟草地、滨河散步带、民族村、水上乐园、游乐场，花鸟集市街等近50处景点，有亭、桥、石拱桥、曲桥等10座，各种亭子9座。园内各景点、建筑布局合理，各具特色，搭配协调，游客站在园中任何一处，眼前都是一幅美丽的图画。

公园绿化本着“以人为本”的宗旨，因地制宜，按生态园林的设计要求，依园林植物的生态习性和观赏特点，根据公园绿地功能、景色分区，把公园自然地形、水体、建筑、园路、植物等作为一个整体来考虑，注重植物造景，以本土树木品种、花卉为主，实行乔、灌、花、藤、草的合理配置。园内现有各种树木13870株，各种花卉3500株，绿篱长700米，草地面积为150亩，绿地覆盖率达85%以上。园内各植物与各景点相配置，随主调变化，但香樟、广玉兰在任何景区均有分布，为全园基调，把各区统一起来，因而使全园树木品种多而不至于零乱，再配上一湖清水，以及公园工作人员的科学养护、管理，鹅湖公园逐渐成为一个风景秀丽、环境宜人，集生态性、科学性、知识性、趣味性、娱乐性、观赏性、游憩性于一体的市级综合性公园。

地址：萍乡市公园南路
交通：萍乡公交2、4、7、8、16、20路直达
开放时间：全天候
门票：免费

2. 城中之山——虎形公园 >>>

虎形公园美景

虎形公园于2009年新中国成立60周年之际建成开园。公园占地面积为8万平方米，南北长约470米，东西宽约340米，总投资为2500万元。虎形公园是萍乡市“一大四小”工程建设中的一个亮点工程、民心工程。公园位于萍乡城区滨河西路与山下路交界处，入口面朝滨河东路，与萍乡市博物馆隔河相望。虎形公园以“生态、健康、绿色”为目标，按照“自然地形、自然水体、自然植被、自然曲径”的总体构思，公园依山傍水，避免人工刻意雕琢，体现自然风景特色。地形上，利用原有地形地貌条件依势而建；水体上，整合原有水塘古井，形成2000多平方米的自然水系；植被方面，以原有自然植被为主，增加植物种类，丰富植物配置，绿化覆盖率达95%；在游步道建设上，依照地势自然延伸，原有的5000多棵树木没有被破坏一棵；同时，山上建有以音乐为主题元素的景观平台。各种元素点缀其中，使之不仅具有绿的生机、水的灵气，同时也具有浓厚的文化底蕴，成为别具一格的旅游休闲胜地。公园采用游步道把各景点联系起来，以方便游客游园休闲。虎形公园与天鹅湖公园、金螺峰公园相得益彰、互为补充，共同构筑萍乡的“天然氧吧”“城市绿肺”。

★ **地址：** 萍乡安源区山下路秋收起义广场南侧、与萍乡博物馆隔河相望

交通： 萍乡公交8路、萍柳客车可达

开放时间： 全年、全天

门票： 免费

3. 萍乡第一园——人民公园 >>>

人民公园是萍乡最早建造的一座公园，位于市区中心繁华地段跃进路与广场路交会处，始建于1963年，当时公园布局相对简单，仅分为猴山区、动物展览区、儿童游乐区、盆景展览区四个景区，是萍乡市最早规划建设的一个全市性公园。后经提升改造、拆墙透绿，最大限度地满足市民亲近绿色、回归自然的需求。改建后的人民公园通过功能分区、水系布置、植物配置、竖向设计等手法，营造了一种人与自然、绿色共生的良好生态环境。规划布局更趋向规范合理，进一步完善了公园的基础设施，新建了六角亭、四角亭、景观膜亭、玻璃采光亭、拱桥、人行游步道、登山步道、景墙、茶楼、咖啡厅，完善了休闲座椅、垃圾箱、公厕，增加了指示牌、各式景观灯、泛光灯、地坪灯，使公园昼夜皆能呈现园林美景，为人们提供了一个可以集休闲、健身、娱乐、游憩、交友为一体的公共场所。

4. 萍实公园 >>>

萍实公园位于安源经济开发区，总投资3.5亿元，规划面积为500亩，规划期为10年。是我市大型市政民生工程。目前已进行公园大门亭、游步道、路灯、休憩亭、绿化等工程和各项配套设施建设，公园已粗具雏形，为市民又提供了一个休闲的好去处。

萍实公园

5. 安源国家矿山公园 >>>

从2009年开始，安源区斥资近2亿元，对全区的工业旅游资源进行一次系统的整合，打造一个融百年矿山遗迹、矿业景观、矿业文化为一体的全新工业旅游平台——安源国家矿山公园，使安源工业旅游成为继红色旅游之后的又一个重要旅游形态。 规划中的安源国家矿山公园以安源、高坑、五陂等中心矿山为主体进行建设，公园面积为26.3平方千米，成为一个以展示矿业遗迹景观为主体、体现矿业发展历史内涵、具备研究价值和教育功能，集历史、矿业、生态、地质、科普、旅游、休闲为一体的大型主题公园。安源矿山公园有十大核心景观，75处景点，其中包括高坑大井、小金山、安源总平巷、安源路矿工人消费合作社、谈判大楼、盛公祠、秋收起义军事会议旧址、八方井毛泽东住址等。高耸的井架、巨大的绞车、深邃的竖井……一处处遗址，诉说着那段风雨如磐的岁月，讲述着那个近代崛起的工业神话。

（六）桃源览胜

1. 幸福村大观园 >>>

幸福大观园位于湘东区麻山镇幸福村，占地300多亩，集观光、休闲、娱乐、餐饮、文化为一体，设有百果园、农家乐、蔬菜基地、水上乐园、文化广场、农耕文化体验馆等项目。整个园区分为四部分，即“生态农业体验观光购物、农家民俗文化集锦、拓展训练素质培训、娱乐休闲商务度假”。园内浓荫滴翠，瓜果飘香，廊桥曲回，鸟语蛙鸣。临势而建的古朴中餐厅——“食外桃源”，设有茶座、卡拉OK歌舞厅、乒乓球室、桌球室、棋牌室，一河两岸设立游泳、竹筏、皮艇等水上乐

麻山幸福大观园

园，月亮广场、爱琴河畔、百果采摘园、情人林、月亮岛、锦绣楼、趣味射击场等大型室内外休闲游乐场。

★ **地址**：湘东区麻山镇幸福村
交通：萍乡南站客运班车至麻山
开放时间：全年
门票：50元每人
电话：0799-6210839

2. 莲花杜鹃红生态园 >>>

位于莲花县城东南郊的琴亭镇杨枧村。距县城约2千米，占地面积165.06公顷，基本形成了“山—林—果—田—园—村”的景观结构。空间布局为“一心连六区”，即：接待服务中心（旅游区大门，景观迎宾大道、花仙子广场、主停车场、管理服务中心、花语园、购物美食街、生态厕所、辅助设施），高科技示范区（观光蔬菜瓜果园、奇妙盆景园、盲人植物园），阳光康体区（森林浴场、素质拓展基地、跑马场、迷你高尔夫），亲水风情区（莲湖与莲堤、莲花阁、许愿池、湖心岛与九曲桥、水生植物园），休闲度假区（四星标准莲湖宾馆、莲

杜鹃红生态园

溪山庄、莲溪幽径、网球场和壁球场），科普启智区（国色天香园、花道馆、四季迷宫、莲花文化长廊、儿童启智乐园、珍稀植物园、杜鹃园、纪念林地、野生花卉区）和远期周边发展区。

3. 赣西生态园

赣西生态园位于中国花木之乡——芦溪县宣风镇，与宜春市毗邻，建立于1993年，主要以种植花卉苗木而出名。赣西生态园是我市现有一家以“农业示范、生态教育、休闲娱乐”等功能为一体的旅游景点，该生态园现有花卉苗木3万亩，拥有罗汉松、雪松、紫薇、樟树、广玉兰、含笑等300多个品种，今年又新引进了老人槐、银海枣、加拿利海枣、热带棕榈、红果树等10余个新品种。园内设有玫瑰园、樟树园、雪松园、热带植物园等16个植物园。2000年被国家林业局授予“全国花木之乡”称号，被评为“农

赣西生态园

业产业化经营省级龙头企业”，同时还是“宣风镇中小学科技学习基地”。

这里环境优雅、风景秀丽，步入其间，让你身心愉悦、倍感舒适，是人与自然交流对话的最佳场所，是人们休闲娱乐的最佳去处。目前，该生态园中的宣风福义休闲农庄也正在建设中，它的建成将使该生态园的功能更加齐全，赣西生态园将成为赣西旅游圈的一个典范。

4. 武功山云雾茶场 >>>

武功山云雾茶场位于麻田龙王潭村，主要经营茶叶种植、加工销售和生态旅游观光。先后被市旅游局评为“旅游商品定点生产单位”，被省旅游局评为“江西省乡村旅游示范点”，被国家旅游局评为“全国农业旅游示范点”。该茶场位于武功山麓海拔1100米处，属亚热带季风气候，气候温和，四季分明，雨量充沛，光照充足，无霜期长，空气湿度大，常年云雾缭绕，且土地肥沃，适宜茶叶种植。目前茶场进行了300亩茶叶示范种植，茶质具名茶风味，口感纯正，回味悠长。每至

地址：萍乡武功山风景区麻田龙王潭村
交通：萍乡南站武功山客运中巴至麻田、萍乡北站（长客）武功山旅游快巴可直达
开放时间：全年
门票：团往每人100元，含食宿交通
电话：13617995409

武功山茶场风光

清明、谷雨时节，新茶滴翠，俏丽的茶娘肩背竹篓，穿梭在云雾之中，用纤纤素手采摘新茶，犹如仙子下凡。来自都市的红男绿女结伴来此观光，顿时打破了茶场往日的寂静。赏茶、品茶、游园、摄影，吃农家饭，别有一番情趣。

5. 万龙山茶场 >>>

万龙山茶场位于武功山风景区羊狮幕景区，分布在原始森林和千年灵芝附近海拔 550 米至 1471 米的台地上，主要有大王庙、猴子垅、老庵前、发云界等茶区，共 800 余亩。该地区气候温和，雨量充沛，终年云雾笼罩，日夜温差大，加之独特的原始森林土壤结构和生态环境，极适合茶树培育及生长。元末至正年间，明太祖朱元璋浏览武功山诸峰，饮此茶，称赞其品质极佳。洪武四年（1371 年）使御赐名为“武功绿英”茶，并指封为贡茶，岁贡五斤六两。方始建御茶园，延续至清末。后经几代茶艺师潜心耕作和共同研制，开发了“武功绿英”“万龙松针”等系列产品。现茶场建有休闲阁，可为游客提供观光、摄影、餐饮、住宿、品茶等各项服务，并正在筹建武功山茶文化博物馆。

武功山茶场风光

6. 井冲农业观光基地 >>>

地处江西省萍乡市安源区城郊管委会井冲、略下、里善管理处。500余亩的井冲葡萄、西瓜基地瓜果迎朋；600余亩的花卉苗木基地百花争艳、奇珍异树竞相媲美，丰收时节，您可以在这儿尽享田园风光，过一把亲手采摘累累硕果的瘾。整个农业观光基地分为两块：一是略下花木观光基地，位于萍城西郊的城郊管委会略下管理处，距市区约3千米，经营种苗、成品苗木供销、园林绿化、设计与施工等。基地创办于2000年，如今规模不断扩大，带动当地农户80余户从事花卉苗木产业，范围拓展至城郊里善、五陂镇生态园区、安源镇、高坑镇等地，品种以八月桂、四季桂为主，占整个基地的70%，还有桂花、大叶樟、铁树、香樟、紫薇等名优花木100余种，苗圃种植面积达800余亩。

井冲西瓜基地

井冲葡萄园

7. 海潭生态园 >>>

位于莲花县六市乡，包含六市乡万亩曼地亚红豆杉种植基地和海潭万亩瓜果、茶叶种植基地，是一个集休闲度假、摘采游玩、农家乐游、自然生态游于一体的高品质的国家AAA级生态园。

海潭生态园

8. 红鱼文化村 >>>

红鱼文化村位于上栗县福田镇，因国家农业部将边塘红鲫鱼定为农产品地理标志而得名。坐落在福田河畔、青山绿水之间，具有得天独厚的地理和生态优势。总面积约为10平方千米，涵盖战山、边塘、长塘、跃星、清溪5个村2000多户1万多人口，其核心区在战山、边塘村，面积为5000亩。红鱼文化村给人耳目一新、眼前一亮的感觉，让游客尽情欣赏田园风光，呼吸泥土气息，享受农家之乐。在提供旅游休闲产品的同时，引领区域内的群众参与农家乐、茶道、养殖、农产品交易等产业中来，以增加农民收入。

- **地址：** 萍乡上栗县福田镇战山村、边塘村
- **开放时间：** 全年
- **交通：** 萍乡至上栗客运班车可至
- **门票：** 免费
- **电话：** 0799-7159237

红鱼文化村

9. 小金山生态景区 >>>

小金山生态景区

位于安源区高坑镇云泉村，总投资1.45亿元，占地面积为6582亩，是一个展示林业科技为主体的生态旅游基地，集森林生态观光、红色旅游、科普教育、健身娱乐、休闲度假为一体的综合性近郊森林公园，规划建设了5个功能区：游览区、云泉湖水上游乐区、森林野营区、休疗养区和游客服务中心。

10. 三湾生态景区 >>>

三湾生态景区位于安源区五陂镇五陂河畔，毗邻红色安源，距萍乡市区7千米，319国道贯穿南北，交通极为便利。面积达939.9万平方米，含森林14000余亩、水田100余亩。自然环

三湾生态景区

境优美，山川灵秀，古树参天，奇石逗趣，碧水长流。四季景色各异，春看烂漫山花、夏赏连天碧荷、秋观满山红叶、冬品傲雪红梅。气候条件适宜，属亚热带季风湿润气候区，全年光照充足，雨量充沛，四季分明，年平均气温为17.3℃，年平均降水量为1603毫米，日照数约为1600小时，无霜期达270天，素有“万紫千红花不谢，冬暖夏凉四序春”之美誉。自然资源丰富，主要有林木产品、药材和优质水资源，是萍乡城市用水的主要取水点之一。

11. 高天岩与黄沙生态村 >>>

秀耸云端的高天岩，古人题为“去天三尺”，为省级自然保护区，位于莲花县西北部高洲乡境内，距县城30千米，沿319国道转环山公路可直达景区。是集自然保护区与自然景观为一体的山岳型风景旅游区，也是乡村游和农家乐的示范点。景区内覆盖原始次生森林，原生态植被保存极佳。高天岩属武功山山系，主要分为4个区域：水云洞、擂鼓谷、黄沙生态村和高天岩主景区，总面积达35平方千米。每年3月的高天岩又是

高天岩风光

黄沙生态村风光

油菜花的海洋，远近游人争相来此踏青赏玩。高天岩主景区以山奇、洞幽见长，山上悬崖峭立，海拔达1275.2米。盘道萦回，数百座石峰，千姿百态，时有壮观云海，如仙山天界。黄沙生态村开辟了串联景点的游步道，有无刺枸骨、红豆杉、古松群等古树，保留了干打垒建筑、篱笆院落、清泉石井，环境清幽，空气清新，植被复杂多样，是探险觅奇、避暑健身的理想场所；近年种植了雪莲果等高山作物，可供游客选购。

12. 江山村 >>>

江山村，江西省人居环境最佳优美村庄，在莲花县坊楼镇。林茂畦绿，水流如镜，村舍掩映，原始古朴，是人类难以寻觅的桃花源。

江山村风光

13. 荷塘白竺 >>>

白竺，一块纯净的处女地，赣西的“香格里拉”，为省级森林公园。白竺村位于莲花县最西端，坐落在罗霄山脉中段连绵起伏的群山中。风光秀丽、景观别致，有信民膜拜的西竺古寺，富有传奇故事的泥鳅洞、帽子山、天子坪、雷打石、仙人洞，天然的桥石、神龟石、藤桥、壮观的瀑布群和古松群，以

白竺风光

及漫山的野花野果。游客走进白竺农家乐，可品尝到小竹笋、腊肉、土鸡、田螺、小百合、石涧花鱼等土菜以及杨梅果酒等风味佳酿。

（七）古树风姿

1. 千年荆柴王 >>>

生长在芦溪县城内的狮山公园内。此树树干高 18 米，树冠直径为 13.2 米，树胸围是 2.1 米，树龄约为 1500 余年。据史料记载，北宋哲学家、文学家、理学创始人周敦颐（1017—1073 年），曾在芦溪办过盐务，他见了此树倍加赞颂，并赋诗《咏筱山石黄荆树》（黄荆树即山牡荆树）一首："筱山石上荆柴王，世间只此别无双；久经沧桑风骨在，苍劲挺拔傲风霜。"

千年荆柴王

2. 千年长红桎木 >>>

生长在上栗县金山镇白鹤村，原国民党的一位将军的花园里。树龄达千年以上，并与一棵同龄的罗汉松绞缠在一起，人们又称之为连理树。该树是我国唯一的一年四次开花的稀有植物国之瑰宝。湘赣大部分花园和苗圃的红花桎木都是由此嫁接的。1986年此树在《人民日报》上报后，全国各地的游客都前来观赏“她”的娇容。

千年长红桎木

3. 莲花重阳木 >>>

莲花重阳木，生长在莲花县荷塘乡文塘村，因其古老与别致，在六市古银杏、黄沙无刺枸骨树之上，称为莲花县“树王”。据当地村民保存的贺氏族谱记载，该树植于宋代，树龄已有800余年，树胸围近7米，树高超过27米，最为奇特的是，树根盘结如瘤好似假山，铺满地面，绵延达300余平方米，令人叹为观止。该树多次遭遇雷击仍枝繁叶茂、生

莲花重阳木

长旺盛，位居江西省十大重阳木古树之首，如今慕名的游人纷至沓来。

4. 东阳古樟群 >>>

东阳村是萍乡市“十大美丽乡村”之一，荣获萍乡市“文明单位”称号。这里古樟成群，村里现有千年以上古樟 7 株，百年以上的古樟 30 余株，其余樟树不计其数，是名副其实的“古樟群”，也是东阳村独有的一道底蕴深厚的生态风景线。

浮梁古县衙红塔

二 红色经典

1. 工运圣地——红安源 >>>

萍乡安源是1922年9月安源路矿工人大罢工的爆发地。1927年9月，毛泽东来到这里部署和发动了湘赣边界秋收起义，使安源成为秋收起义的主要策源地和爆发地之一。党的许多干部如毛泽东、李立三、刘少奇、陈潭秋、蔡和森、毛泽民、萧劲光、夏明翰、恽代英、李维汉、黄静源等人，都在这里从事过革命活动，并且从这里走出了近40位新中国的将军。

安源路矿工人运动纪念馆

革命圣地多胜迹，在安源，诞生了中国革命历史上的“十六项之最”，如最早的工人党支部——安源路矿党支部，最早的地方党校——中共安源党校，最早的工人经济组织——工人消费合作社等；有全国重点文物保护单位安源路矿工人俱乐部旧址2处；有省级重点文物保护单位4处：安源路矿工人第一所补习学校旧址、安源路矿工人消费合作社旧址、毛泽东1921年秋来安源的住处、秋收起义二团出发地——张公祠。有市级文物单位7处：黄静源烈士殉难处、决定罢工的党支部会议旧址、安源市工农兵政府等。安源正以其独特的红色魅力吸引天下游客，成为赣西旅游线路的一颗明珠。

安源路矿工人运动纪念馆建立于1956年，坐落在江西省西大门的萍乡市城东南6千米处的安源镇境内，占地面积为10万平方米。馆区掩映在茂盛葱郁的山林和草地之间。

近年来，安源纪念馆获得了国家二级博物馆、中国红色旅游十大景区之一、首批国家国防教育示范基地、国家AAAA级旅游景区、江西省第十二届文明单位、2012中国红色旅游博览会筹办工作先进单位等荣誉称号。中国近代工业的矿业文明、

安源路矿俱乐部旧址

中国革命的红色文明、满目青山的绿色文明，在这里交相辉映，闪烁着永恒的光芒。

安源路矿文化博览园旨在以展示矿业遗迹和打造红色革命文化景观为主体，以萍乡深厚的文化积淀和良好的生态环境为载体，依托矿业遗迹、红色人文和自然风光、文化产业园区等特色资源，将博览园建设成科学内涵丰富、地方特色鲜明，集工业忆旧、旅游观光、商务休闲、科普实践、传统教育于一体，历史文化传统与现代元素完美结合、多种景观类型并存的、高品位、综合性的安源路矿文化博览园，从而实现认识之旅、体验之旅、科普之旅及休闲之旅，以此弘扬悠久的中华矿业文化、萍乡地域文化和安源煤文化，促进资源枯竭型矿山经济转型和矿业遗迹等资源的保护，推动地方经济可持续增长，带动当地居民走向致富之路。

总平巷

安源煤矿创办于1898年，已有百余年的开采历史。清末邮传大臣盛宣怀引进外资和西方先进采矿技术开发安源煤田，并开凿了总平巷，修建了株萍铁路。1906年铁路、煤矿相继完工投产，安源煤矿成为中国最早采用机械生产、运输、洗煤、炼焦的煤矿，是中国当时“十大厂矿”之一，保存了丰富的矿业遗迹。

博览园内目前有国家重点文物保护单位4处、省级重点文物保护单位6处、市级文物单位6处。安源路矿工人运动纪念馆收藏各类文物总计5010件，其中含国家一级文物53件、二级文物62件、三级文物247件。景区旅游资源具有价值高、数量多、独特性、典型性和垄断性等特征，是发展近代煤炭工业旅游和红色旅游不可多得的优势资源。

安源路矿文化博览园矿业遗迹景观按其自然和人文双重属性，主要包括矿产地质遗迹景观、矿业生产遗址景观、矿业活动遗迹景观、矿业制品类景观、矿业开发史籍类景观和文化遗存类景观以及安源影视城、安源大剧院、安源动漫创意产业园区新兴文化产业园区等7大类。

地址：萍乡安源区安源镇
交通：市内公交19路，3路直达
门票：凭证免票
开放时间：每天上午8：00—16：00
电话：0799—6351085
住宿：萍乡七星酒店、萍乡七天连锁酒店等各大酒店
购物：萍乡安源府前路土特产大总汇、北桥青山寨

2. 秋收起义萍乡陈列馆 >>>

秋收起义萍乡陈列馆本着“弘扬红色文化，导引红色旅游，珍藏红色记忆”的办馆理念，以“忠于历史，厘清真伪”的科学态度，通过艰苦的努力收集了大量珍贵的历史原件和图片，真实地还原了那段值得永远记载的光辉历史。

3. 秋收起义烈士陵园 >>>

秋收起义烈士陵园位于芦溪县上埠镇山口岩村，总占地面积约为1000亩。园区建设分两期，一期占地为323.5亩，分为5个部分：陵园前门（含浮雕文化墙）、秋收起义烈士纪念碑、秋收起义名人雕塑园、秋收起义纪念馆、卢德铭烈士纪念碑。

卢德铭烈士墓位于烈士陵园内，占地面积为45平方米。烈士墓由烈士全身像塑像（3.1米）、中座（1.7米）和底座（1.6米）三部分组成，通高6.4米，碑身中座正北面自上至下刻原中国人民解放军总参谋长杨得志题写的“卢德铭烈士纪念碑”八个大字，背面刻“卢德铭烈士纪念碑”碑文，详细记载了烈士生平。1987年3月被列为全省重点烈士纪念建筑物保护单位，现已成为青少年爱国主义教育重要基地。

秋收起义烈士陵园

4. 萍乡烈士陵园 >>>

萍乡市革命烈士陵园位于安源镇内，矗立在安源路矿工人运动纪念馆西侧一个小山头上。1984 年由市政府拨款，同年 10 月动工，翌年 8 月竣工。陵园占地 20 余亩，大门宽 20 米，纪念碑高 6.8 米，为三孔门麻石牌坊，具有中国传统的坊式风格，内外 4 根柱上分别是毛泽东的手迹“发扬革命传统，争取更大光荣”和“为有牺牲多壮志，敢教日月换新天”。内柱上端的横梁上是阴刻的“烈士陵园”4 个大字，两端横梁上雕有“安源路矿工人俱乐部部徽”，大门两侧的围墙上各有四个漏孔花穗，刻有桃花、荷花、菊花、梅花，象征春、夏、秋、冬四季。大门后，迎面是五大步阶，踏步后为第一吊唁场，可容纳500人，烈士纪念碑高13米，由方形碑座、长方形碑身和长方形碑头组成。碑座正面有3个石雕花环，背后有碑文“萍乡革命烈士纪念碑”9个阴刻大字。碑头是由四组白水泥的群雕组成，塑造了烈士们光辉的革命形象，纪念碑后的台阶上是一个直径为10米的半圆形墓室，放置着部分烈士的遗骨。

5. 萍浏醴起义旧址 >>>

萍浏醴起义旧址——麻石龙王庙，坐落于上栗县金山镇小水村麻石街。原占地面积为1100平方米，始建于唐朝，后多次维修扩建。2003年再次重修，为唐代建筑风格。重修后，建筑面积达500平方米，坐北朝南，保护地带包含对面戏台四周20米，建设控制地点四周30米，建设控制高度10米。该旧址为萍、浏、醴三县（市）交会处。1906年冬，同盟会领导和发动的萍浏醴起义就发生在这里。

萍浏醴起义旧址

6. 云程岭抗日阵亡将士骸骨塔

位于湘东老街云程岭顶峰，名“忠魂塔”，收敛1944年在湘东抗日战斗中阵亡的将士和当地被日寇杀害的民众骸骨，刻碑立志，以此为纪念。此塔为古亭阁式造型，由塔顶、碑体、基座三部分组成，高约4米。塔顶、碑体平面为

云程岭抗日阵亡将士骸骨塔

正六边形，基座平面为圆形。塔顶为木架盖瓦，分六个方向淌水。碑体为灰白色火砖建造的正六棱体，高2.315米。该塔历经多次修缮。萍乡市人民政府于1984年10月将其列为市级重点文物保护单位。

7. 大江边苏维埃政府旧址 >>>

湘东苏维埃政府和萍乡县苏维埃政府旧址位于武功山脚下的麻田大江边村的石屋老，这里是萍乡范围内最早建立苏维埃政权的地区之一。苏维埃政府旧址正西墙壁上刻有“士兵不打士兵”的字样，大厅内悬挂毛主席画像，两边墙壁上贴有苏维埃简介。简介包括6个部分——《前言》《在困难中挣扎》《来了救星共产党》《武装建立苏维埃政权》《永远记住他们》和《中国人民站起来了》。墙壁上简介包含了文字说明、历史记载、画像、诗歌和地图说明等珍贵资料。大厅两侧各摆放了5个橱柜。橱柜

大江边苏维埃政府旧址

★ **地址**：萍乡武功山风景区麻田大江边村
交通：萍乡南站武功山客运中巴直达、萍乡北站（长客）武功山旅游快巴可达
开放时间：8:00–16:00
门票：免费
电话：0799—7631158

里搁置着当时中华苏维埃中央银行发行的钱币、红五角星儿童袖章，以及红军曾用来抗敌的马刀、匕首、手雷等物品，还有红军用过的衣物、铜壶、瓷碗，以及为纪念牺牲战士而制作的碑文，这些文物均保存完好。2006年夏，芦溪县被列为县级文物保护单位、中小学德育教育基地。

8. 易简烈士陵园 >>>

易简烈士陵园

易简烈士陵园位于芦溪县宣风镇虹桥村，是为纪念北伐名将易简而建。陵园建于新中国成立前，经过两次修缮，整个陵园显得简洁而高雅。总占地面积达 22 亩，绿化面积达 19 亩，墓碑主体建筑占地 650 平方米，陵园广场占地 3100 平方米，陵园墓碑远看似一把挺立的钢枪，碑高 9.99 米，象征着易简烈士为国为民的壮举长久留在人民的心里。墓碑中间刻有“易简烈士之墓”6 个镜金大字，由中国当代书法家李远实先生亲笔题写。墓碑基座在正面刻有易简烈士的墓志。易简烈士的灵柩安葬在墓碑的正后方，墓体采用混凝土材料建成半圆形状。陵园的绿化以龙柏、毛竹为主，配以香樟、雪松、桂花、白玉兰、冬青、樱花、红杜鹃、栾树、南天竺、常青小灌木等 10 余个品种，使陵园绿树常青，素花点缀，显得庄重而肃穆。

9. 斑竹山起义旧址——凌云寺 >>>

坐落于上栗县上栗镇万石行政村斑竹山上。旧址占地面积为300平方米，建筑面积为150平方米。斑竹山海拔达200多米，面积为30平方千米。1927年12月由中共安源市领导，上栗区党部直接指挥的斑竹山起义就在这里爆发。斑竹山革命根据地的建立和发展，严重威胁到国民党在萍乡的反动统治，起义虽然失败了，但是斑竹山的革命火种，继续燃烧在上栗大地，为迎接萍乡的解放做出了较大贡献。

斑竹山起义旧址

10. 涧口烈士纪念塔 >>>

宣风镇涧口革命烈士纪念塔位于盘田村涧口，为缅怀在第二次国内革命战争中被杀害的32位革命烈士的丰功伟绩，1951年由宣风第九区人民政府建造。纪念塔及其附属设施占地1400余平方米，是县级重点文物保护单位。2007年，宣风镇投资10万余元对纪念塔进行了大规模的修缮，此地现已成为革命传统和爱国主义教育的重要基地。

11. 宾兴馆 >>>

宾兴馆——秋收起义二十天纪念馆、莲花一枝（支）枪纪念馆、甘祖昌将军事迹陈列室。

宾兴馆，是古代科举制度的见证。始建于清道光五年（1825年），原名宾兴祠，是地方长官设宴款待参加应试学子和供考生备考的场所。旁边原先还建有考棚、学宫、文庙。

甘祖昌事迹陈列馆

宾兴馆馆址在莲花县县城琴亭小学右侧，解放街148号。沿解放街南路或外资路可直达，是展示我国赣西古代建筑艺术及国内第二次革命战争时期光荣历史的专题型纪念馆。不仅再现了古代学子科举考试场景，还设立了莲花一枝（支）枪纪念馆、秋收起义二十天纪念馆、甘祖昌将军事迹陈列室。

“莲花一枝（支）枪”，是莲花的一张名片。莲花县一枝（支）枪纪念馆是省级重点文物保护单位。原名为“毛主席领导莲花人民斗争陈列室”“宣传毛泽东思想办公室”及“莲花县革命历史纪念馆”，1983年定名为“莲花县一枝（支）枪纪念馆”。

20世纪20年代，这里是中国工农革命军活动所在地。抗战

【链接】“莲花一枝（支）枪”

1926年，全国工农运动蓬勃兴起，莲花县的工农大众也建立了一支拥有60支枪的武装队伍。

次年，蒋介石发动了“四·一二”反革命政变，国民党反动派开始大肆屠杀共产党员和革命群众，并收缴枪支，莲花工农军的枪支也几乎全被搜走，仅有一支被拆成三部分的枪被农军班长、共产党员贺国庆冒着生命危险藏起来了。

靖卫团丁抓来贺国庆的父亲贺承茂和其弟弟贺国强，逼问贺国庆和枪支的下落。面对反动派的严刑拷打，父子俩毫不屈服，最终贺承茂被活活烧死，贺国强也倒在靖卫团的枪口下。

不久，毛泽东引兵上井冈山，贺国庆迅速找到了党组织，含着热泪献上了自己全家人用生命和鲜血保存的这支钢枪。此后，莲花赤卫队就以这支枪为武器，虚张声势吓退了靖卫队长，一举缴获了两支枪。就这样通过夺枪、修枪、送枪，仅用1年时间，莲花就由1支枪发展到220支。3年以后，湘东南独立师在莲花整训时，莲花地方武装提供了1个团的人和枪，并被编入独立师中。

时被毁。1968年在原址按原貌重建。馆舍为二进式南方祠堂建筑，长34米、宽21米、高12米，占地面积为4200平方米，建筑面积为770平方米，坐北朝南，前后两进，前为大厅，中有天井，四周回廊，后设中堂，两边厢房，后厅还有小天井。纪念馆为砖木结构，青砖砌成，鳞瓦履顶，雕梁画栋，气势恢宏，古色古香。

地址： 江西省萍乡市莲花县解放街148号
交通： 萍乡至莲花客运班车直达
开放时间： 每周开放六天，周日休息。
8:00–12:00，14:00–18:00 开放
门票： 免费
电话： 0799—7226317

12. 莲花县革命烈士纪念堂 >>>

莲花县革命烈士纪念馆，馆址位于莲花县城琴亭小学斜对面，是红色旅游景区、爱国主义教育基地，是展示莲花人民自第二次国内革命战争以来涌现的革命英烈生平事迹、图片资料和珍贵文物的专题型纪念馆，沿县城解放街南路或外资路可直达。

该馆原名为“革命烈士纪念堂”，经多次重修、更名。景区面积达 7400 平方米，建筑面积为 1340 平方米，呈宫殿楼阁式，砖木结构，重檐翘角，雄伟壮观。馆内修建为一厅两室，中设灵堂，左右两厢房为陈列室。两展厅分别陈列着部分烈士的生平事迹资料、遗物和部分著名烈士的照片。纪念馆左前方矗立着一座 16 米高的革命烈士纪念塔，兴建于 1956 年，塔正面书“革命烈士纪念塔”，背面题有“革命烈士永垂不朽”几个大字。

莲花革命烈士纪念堂

13. 棋盘山游击根据地 >>>

棋盘山游击基地，是原湘赣苏区革命根据地之一，县级重点文物保护单位和爱国主义教育基地。位于莲花县神泉乡西北4.5千米处，距县城15千米，沿319国道转入乡村公路可直达。山峰海拔为886米，植被保存完好，杉、竹木约达660.7公顷，是一块天然的绿色屏障。山上还有棵被称为“红军树”的古槠树。棋盘山自然风光独特，还是个少数民族村，原始生态优美，植被保存完好，古木参天，瀑布成群。景区集自然景观与红色文化于一体。

棋盘山

三 古色凝香

（一）宗教寺庙

1. 禅宗祖庭杨岐寺（普通寺） >>>

普通寺景区是杨岐山景区的核心景点，规划面积为4.95平方千米，这里是我国佛教禅宗五家七宗临济宗下一大支派——杨岐宗的祖庭，始建于唐天宝十二年（753年），迄今有1200多年历史。建筑风格古朴，构造独特，凸显了禅宗文化理念。杨岐宗，如今其法脉流传广泛，影响深远，仅在日本、韩国的信徒就有200万人；

杨岐普通寺

普通寺景区中的唐碑、唐塔、唐柏被称为镇寺“三宝”，为省级文物保护单位，堪称国宝。唐碑共两块，镶嵌在普通寺大门的两边上，一块是建于唐元和二年（807年），唐代大文豪刘禹锡为乘广利禅师所撰写的碑文，一块为甄叔禅师塔铭。这是江西省仅存的两块唐碑，两碑的高度为2.8米，宽为0.9米。唐塔有两座，一座为乘广禅师塔，塔高约4米，分4层，为花岗岩垒成，每层为8面浮雕装饰，雕刻古朴，具有唐代艺术风格；一座为甄叔禅师塔，高1.78米，宽0.88米，形似方亭。两塔至今留有

【链接】油盐塔与贪和尚

却说普通寺侧有一个奇妙的塔，说他奇怪是因为每天塔内会流出油盐。晚上寺中僧人把油盐盂放在塔下即可，第二日清早油盐盂总是满满的，且量仅供寺中食用，不多不少，从未间歇过。祖师爷交代下来的规矩，此油盐只能供寺中僧人食用，不能借卖。且说普通寺有个贪和尚，司库僧知道贪和尚的毛病，从来不叫他去取油盐的，这天因为了其他僧侣都不在，只好叫贪和尚去取。岂料贪和尚贪病复发，也顾不得这些规矩，把取来的油盐克扣一半偷偷地卖给了寺前戴家。第二日，僧人照例去取油盐，可走到塔边一看，却再没有油盐流出来，众僧先是一惊，还以为眼花，再看还是没有，却多了一条黄绢，上面写道：“本来顽石幻成形，却在人间要虚名。只因今日油盐绝，千年万载弃荒荆。”读罢，黄绢也不见了。这件事立即被住持知道后，狠狠地责罚了贪和尚，罚他到后山去面壁思过，这就有了思过崖、和尚石，以及现在我们看到的立在一丘水田中的石塔。

乘广、甄叔师徒二人的碑文。唐柏是甄叔禅师所植，故称“甄叔柏”，又称“倒栽柏”，高约30米，主干直径为2.33米，苍劲挺拔，生机盎然。唐柏、唐塔、唐碑都保存完好。

2. 泰和禅院

泰和观音禅院位于安源区城郊管委会里善村，建筑面积为8000平方米。原名泰和庵，是萍乡最古老的佛教道场，建于晋朝泰和元年（265年），距今有1700多年历史。清康熙、嘉庆年间曾维修过，寺内古代石雕罗汉保存完好。泰和观音禅院自登记以来，坚持开展和谐寺观教堂创建工作，在扶贫济困，弘扬正信，抵制邪教，引导广大信教群众走改革开放、发展经济之路，促进佛教与社会主义社会相适应等方面，做了大量工作，取得了较好成绩，受到信教群众的好评。2006年神禅院被列入江西省重点寺院。

泰和观音禅院

3. 宝积寺

宝积寺位于萍乡市区南部，旧名星居寺，又名梵林寺。创建于唐朝，后周广顺年间由当地人李氏捐地所建。后周显德年间（954—959年）改名为宝积寺。宋文学家黄庭坚曾于崇宁二年（1103年）撰书《宝积禅寺记》，题过“德味厨”“入还堂”

宝积寺

两块匾额，还亲手种植罗汉松于寺院，毁于元朝。从清末至民国，方丈体云大师住持寺内30余年，他曾先后偕邑僧众整修殿宇，建藏经阁，创建普通塔院、登遐亭等。民国年间县僧会司、佛教会、居士林都设于寺内。宝积寺当年不但是全县佛教中心，还是湘赣边境的萍乡、浏阳、醴陵、攸县等县佛教总据点，曾住僧侣五六十号人，加上外来云游者，最多可达百人。后因兵燹战乱频繁，特别是日军两度侵扰腹地，破坏严重，佛事渐衰。1990年当地重新开放宝积寺，并于1993年5月动工，对原建筑物全部拆除重建，原中国佛教协会主席赵朴初为重建的宝积寺题写了寺名。大雄宝殿于1995年竣工，占地面积为556平方米，先后还建筑了天王殿、客堂、东西配殿及寮房等。整个宝积寺现建筑面积约为7000平方米，建筑物采用明清模式，为钢筋混凝土、砖石、砖木结构，红墙黄瓦、金碧辉煌、庄严肃穆。

地址：安源区南环路236号
交通：公交车10路上行、10路下行、21路、3路、4路、5路上行、5路下行、6路上行
开放时间：全天
门票：免费
电话：0799-6831637

4. 横龙寺 >>>

横龙寺位于安源区城郊管委会长兴馆村。这是一座历史悠久的寺庙，始建于宋朝，旺盛于明朝，一直保留至今。寺中有栩栩如生的观音塑像，还有庄重威严的玉皇大帝。寺中有个许

横龙寺

★ **地址：**萍城西郊
交通：22路公交可达
开放时间：全天
门票：免费
食宿：横龙山庄

横龙寺十八拱

愿池，里面有千年金龟及数尾金鲤。寺庙现由尼姑管理。寺庙坐落在城郊的山脚下，环境幽雅。寺后有茂盛的竹林，景色宜人。各届尼姑师太就在此长眠，保佑着这方水土这方人。寺前有一神泉，水质清纯，冰凉爽口，长流不懈。据说该泉水有祛病强身之效，很多人不远千里过来取水。寺庙还多次作为电视剧的拍摄场景，享有盛名。

5. 三侯寺 >>>

三侯寺

三侯寺位于安源区五陂镇大田村，建筑面积为20055平方米。旧称三侯庙，又称张相公庙。创建于明崇祯二年（1629年），重建于清道光二十七年（1847

年）。东临南河水，南靠乌龙山，西傍三侯古桥，北对册冈宝刹。寺中供奉的张相公并非唐代张宏靖，只是借其意，祭祀生于明朝万历二十五年（1597年）的张景鸿。2005年1月公布为市级文物保护单位。

6. 浒泉寺 >>>

浒泉寺位于萍东15千米的安源区高坑镇浒泉村。相传东晋时期有一侯姓富翁在朝为官封侯，后经几代变迁，在此建一庵堂，取名为侯家庵。唐代在小金山建的福星庵，在万名山建的万名庵，均属浒泉寺管理。该寺曾有大小房间80余间，有500文僧、500武僧，以及比丘尼50余人。寺前设有马栏、马道，供武僧跑马射箭，具有少林寺的遗风。

浒泉寺

7. 萍乡天主堂 >>>

天主教于清光绪十五年（1889年）传入萍乡。1889年，南昌教区樟树司铎（教父）意大利人柏多能等人来到萍乡，租民房传教布道，发展教徒50余人，由法国人徐若瑟司铎兼管萍乡教务。不久徐病逝，由意大利人江努基司铎接任，并建新教堂。新中国成立前夕，外国传教士分别在安源等地建教堂5所，教徒人数约为1500人。民国十四年（1925年），天主教徒刘之光租赁西门李家祠堂，创办普爱医院。

8. 瑶金山寺 >>>

原名宝华观，位于上栗县金山镇金山行政村，始建于唐开元年间（713–714年），由彭普明祖师担任住持。元、明、清时期多次重修。进士中宪大夫王龙峰题字山门额“敕封瑶金第一山”。寺庙占地面积为3000平方米，建筑面积为1800平方米。瑶金山寺内上供诸佛圣及神像，前供三清关圣及诸圣像，左为祖师殿，右为观音殿，两旁有厢房百余间，并可见明进士罗洪先、御史邹元标等人的多处题词。寺内还有20多幅匾额、50多幅楹联和40多首诗词。瑶金山寺门前，存有唐代祖师彭普明手植罗汉松一株，以及邹元标题写的石碑“唐开元年间植，古罗汉松，明南阜山人题”。

瑶金山寺

9. 耶稣堂 >>>

位于安源区城郊管委会汪公潭管理处宝塔岭上。耶稣堂既是基督教徒朝拜、活动的场所，又成了市民愉悦身心的好去处。2004 年 12 月建成并投入使用的萍乡市耶稣堂，建筑风格糅合中西特点，远远看去像一座童话中的城堡，是一道吸引人注意的风景亮点。

10. 浏公庙 >>>

位于萍乡西萍水河中段金沙湾处的刘公庙，源于南宋理宗宝庆三年乙酉(1225年),为奉祀敕封威勇侯佑生真人而立的。宋、元、明、清、民国历代《萍乡县志》均有记载。清道光八年（1828年）《萍乡县志》记曰：“刘公庙在金沙湾，钟文有宋绍定五年（1232年）字，相传神以医道显庙。近河有坝，曰神仙坝。”1949年以后，因刘公庙的街市被冠名为浏市街，刘公庙也在刘字左旁加三点水，写为浏公庙。

浏公庙

【链接】浏公庙的传说

南宋嘉定八年（1215年）萍邑五月大旱，草枯泉竭，农田龟裂。农人顶着烈日酷暑，喝着粥汤，垒筑柴坝蓄水灌田。由于河宽水急，坝被洪水冲垮，被农人重新修建。刘公佑生见状，怜恤之心泛起。一日正午，他化成乞讨，来到坝处，向农人要粥食。农人拿着碗筷给他，示意刘自己舀粥。他喝过粥后，对农人说：“此坝明日可成。”

这天夜里，金沙湾雷鸣电闪，风雨交加。刘佑生来到上官岭山上，折了一根树枝，在一石上挥袖几下，霎时石头化成了无数小块，继而变成一群小猪跑下山。来到柴坝处，他又将手中的枝条一抽一收，这群猪潜入河中，旋即又成了无数石块，如一长龙躺卧河中，横截河水，连接萍水河东西两岸。

第二天农人上工时，尚未修复的柴坝不见了，却有一座高出水面四五尺的石坝突兀而起，滴水不漏。农人疑惑相视，忽然一个腰缚葫芦的跛子来到农人中间，念着顺口溜：“刘公坝，刘公坝，千年大水都不怕。”农人茅塞顿开，异口同声说：这是座仙坝，莫不是刘公道人昨夜所造！后人为纪念刘公，遂造刘公庙。

11. 圣岗寺 >>>

圣岗寺坐落在芦溪县县城西北圣岗岭，前通320国道，右临沪瑞高速公路，交通十分便利。圣岗寺始建于唐代贞观年间，芦溪百姓为纪念西晋时期甘卓将军领兵镇守、抵御战乱，保护当地百姓平安，施惠政使百姓生活安宁，特修建此寺以为纪念。圣岗寺优雅、苍劲、浑朴，犹如一位尊贵的老者。“文革”期间圣岗寺的寺院全部被拆毁。1986年圣岗寺由当地百姓集资修建。2008年，圣岗寺在寺庙周围征地50亩，使寺庙占地面积达到60多亩。现寺庙更名为“建勋寺”。

圣岗寺

圣岗寺所处的山岭，曲折多弯，绿草如茵，山花点点，清凉幽静，林木茂密，是一处避暑乘凉的好去处。周围山势雄奇，重峦叠嶂，石峰如林，奇丽异常。

12. 老关关帝庙 >>>

老关关帝庙坐落于老关镇老关村关上组。始建于明嘉靖二年（1523年），距今已有490年。至清乾隆二十六年（1761年），萍邑知县张米文重新督建。老关，是古时候西往楚国、东入吴地之要道，今为湘赣接壤之处。原边城插岭关楼设防，尚有七层六面，雄伟壮观以示吉祥的宝塔和钟鼓长鸣、香火旺盛的老关关帝庙三大古文物。但由于历史之变迁，于不同时期毁为废墟。 现在得以修复，于1999年5月底正式竣工。建庙地基为225平方米，庙高18米。庙内正殿设有关公殿，左殿为许祖真君殿，右殿为包公，每尊神像（坐像）高达4.8米。

13. 青霞山古庵 >>>

东桥镇界头地区“青霞山”古庵，坐落于香株垅金勾湾。据现仅存的文物古钟记载，此庵至少是在清朝嘉庆二十一年（1816年）由当地绅士陈覃俊等 19 名知名志士倡导建成的，有近 200年历史。道光年间陈宝饮、王宝堂两位先生又予以扩建。民国二年（1913 年）由王榜元先生组织重修一次。据老人回忆，当时庵堂建筑宏伟壮观，雕梁塑栋，油漆放彩，大门口的对联已无法考证，但观音炉上的对联还记忆犹新：“青霞山接霞山口，龙坐香山枫树花。”这副对联既点明了地名，又描写了风景，意境清新。庵内正面设包公、孝仙（也称麻衣大仙）、关帝、枫仙四大神像。两边有四大将帅和十八罗汉，威风凛凛，惟妙惟肖。特别是麻衣大仙，在此大显神通、有求必应。故此，此地香烟缭绕，钟鸣鼓响，灯火长明，所求信士，络绎不绝，成为萍乡名胜之一。

【链接】麻衣孝仙的传说

麻衣大仙，也称孝仙。他是以孝敬母亲而成仙的。传说：他名叫杨庆华，湖南济阳显华人。作为一代名医，他经常在民间行善，救死扶伤，解除百姓疾苦。但当他回家时，母亲已不幸病故，并已安葬。他悲痛极了，为表孝心，他身着麻衣，头戴凉冠，手执杖棍，腰系秆绳，脚穿草鞋，来到母亲坟前，双手抱着母亲的坟大哭，哭了七七四十九天，哭得天昏地暗，声音哭哑了，眼泪哭干了，可指甲长长了，都能把母亲的坟抱拢了。他的真挚孝心感动了山神，山神就把情况汇报给天帝。天帝知道后，一口仙风吹来，让他上了仙宫。后人因为他为母尽孝而成仙，故称他为孝仙。又因他成仙时身穿麻衣，所以世人叫他麻衣孝仙。

14. 册岗寺 >>>

位于五陂镇册雷村，建筑占地面积为1421平方米。创建于南唐年间（902—979年），毁于元朝，明、清时期重修，具有清代宫廷建筑风格。

（二）名人故居

1. 张学良旧居 >>>

张学良旧居绛园位于安源区凤凰街李子园，建于清末民初，坐北朝南，系两层砖木结构，造型别致，做工精细。1937年冬，爱国名将张学良曾在此居住一个月。著名画家丰子恺曾为绛园题诗作画（现存于博物馆）。旧居陈列并展出了与张学良和绛园有关的文物。2006年此地被列为省级文物保护单位。

2. 刘凤诰宗祠 >>>

在赣西芦溪县，距县城约5千米的东北方向，有一片小山冲叫源溪（现芦溪县源南乡）。在这里，至今保存着一片古宗祠建筑，这就是清朝才子刘凤诰的故里。 刘氏宗祠依一小山坡而建。现存老宅四栋，正堂右前建有一古戏台，后则为一福主祠。老宅均为砖瓦木结构，坐北朝南，占地面积达2800余平方米。刘氏宗祠飞檐

刘凤诰故居

画栋，历经数百年风雨依然看得出当年的风采。房子的前飞檐屋垛上都塑有凤的造型，大有展翅飞翔之态。檐下则为胶泥所塑人物、狮形等，颜色涂成彰显贵气的灰紫色。后飞檐上则多塑罗汉笑菩萨，笑容可掬，神态逼真。宗祠正堂的门上方，是“刘氏宗祠”4个饱满的大字。

【链接】刘凤诰的故事

传说刘凤诰是个很有才学的人，他在湖南吹了一个牛皮，说：“虽然湖南是个文脉地方，但说才学比我们江西捡狗粪的人都不如。”

这句话传到了湖南的一个才学比较好的人的耳朵里，他很不服气，决定来江西访一下江西人到底才学到底有多深。他刚出老关就碰到一个江西老头子提着一个狗粪箕子捡狗粪，恰巧那路边不远的地方有一宝塔，他便跟那老头子比起才学来。

“宝塔七层，四方六面八角。”

那捡粪的老头子是一个哑巴，听他这么一说，只好伸出手来在空中摇两下，表示他不会说话。这个湖南才子见他摇手，认为他对不出来，说道：“我看江西人的才学也不过只比我们湖南无才学的人好一点。”嘿，他也学会了吹牛。

他继续往前走，你说巧不巧，走了不久就碰见了刘凤诰，两人一打招呼，他说道：“江西人的才学就知道摇手哩。”把他碰见捡粪老头一事风趣地对刘凤诰说了一遍。刘凤诰听他这么一说，便哈哈大笑起来，说：“我说你的才学就是不如捡狗粪的嘛，他摇手是表示你这么点才学无所谓，不值得他开口，摇手来作答，意思是说‘一掌遮天，五指三长两短’。”

这湖南才子听刘凤诰这么一说，也只得承认他的才学不如江西捡狗粪的人。他哪里知道那捡粪的是个哑巴老头，而这一切却是刘凤诰自己机灵的回答呢。

3. 张国焘、张国庶故居 >>>

故居坐落在上栗县金山镇山明村桎木山，距319国道6.5千米，建于清朝，为土建四合院，有48个天井，坐东朝西坤山艮向左兼三

张国焘、张国庶故居

分，建筑面积为20余亩。目前，故居主体建筑部分保存完整。此故居同时也是中共早期革命活动家张国庶的故居，张国庶与张国焘为同胞兄弟。

4. 李畋故居 >>>

李畋故居

上栗是中国爆竹祖师李畋的故乡、花炮业的发源地。花炮祖师李畋公园位于上栗县城东部，其故居坐落在上栗县金山镇小水村，该建筑为砖木结构，仅存下来的面积不多，仅100多平方米。每年4月，上栗都如期举行花炮节，来纪念花炮祖师——李畋，这一活动不仅仅是一种纪念风俗，更成为上栗的一种文化。它包括开幕式、文艺晚会、烟花燃放比赛、颁奖晚会、烟花爆竹产业交易会、祭祖及民俗表演等活动。

【链接】李畋的传说

相传在1400年前，南川河两岸时闻有人被山魈所害，连唐太宗李世民都被惊扰得龙体不安，卧榻在床，多日不能上朝，众多太医屡治无效，遂下诏全国求医。出生于萍乡上栗的李畋费尽苦心研制出爆竹，它不仅用来驱瘴避邪，保护一方平安，更为太宗驱镇邪魅。李畋施展独特的爆竹驱瘴治疗法后，太宗一身轻松，心情愉悦，龙体康复。李畋救驾有功，因此被唐太宗敕封为“爆竹祖师”。

5. 花塘官厅 >>>

花塘官厅又名“定园”，坐落在莲花县碧云峰下，距县城1千米处的琴亭镇花塘村，沿莲花县城永安南路可直达。此地为江西省重点文物保护单位，系莲花文化园一期工程的重要组成部分。花塘官厅是清朝光绪、宣统两朝帝师、京师大学堂总监督、曾受诰封太子少保朱益藩兄弟的私邸。占地面积为 3000 多平方米，建筑风格为南方祠堂式兼具北方四合院特点，砖木结构，规模宏伟，工艺精湛。朱氏一家曾经赢得“条门三进士”的美誉。

花塘官厅列宁学校

大革命时期，在花塘官厅里办过莲花列宁学校，是中共湘赣省委、湘赣省苏维埃政府的诞生地。新中国的一大批高级将领胡耀邦、彭德怀、王震、萧克、王首道、陈毅、项英、曾山等人，都曾经在花塘官厅战斗、生活过。

6. 喻宜萱故居

故居位于上栗县福田镇清溪村。

喻宜萱（1909—2008年），著名女高音歌唱家、声乐教育家，新中国声乐教育奠基者、理论家，中央音乐学院原声乐系主任、副院长，因病在北京去世，享年99岁。

喻宜萱故居

7. 孔原同志故居 >>>

孔原故居

位于安源镇茶亭里。孔原同志是中国共产党的优秀党员，新中国海关事业的开拓者，在党的组织、海关、外交、外贸、对台工作和隐蔽战线上做出重大贡献。1978年，安源镇政府对孔原故居进行了修缮。2007年，安源镇政府再次对孔源故居进行了全面修缮。

（三）民俗遗址

1. 傩神庙 >>>

（1）汶泉傩神古庙

汶泉傩神古庙始建于洪武年间，从吉安芦林迁来，至今有600多年悠久的文明历史，是傩文化历史相传民族文艺的结晶。傩神的为神要义是逐疫祛邪、御灾捍患、集福迎祥，这正符合百姓的需要，故此地香火鼎盛、

傩神古庙

常年不衰，四方信士莫不景仰。傩神庙曾多次遭到烧毁、破坏，万幸在四境乡民集资多次重金重修下，仍然保持着盛况。傩面具原有108具，保存最古老的有8具（最少历史有635年），现保存完好的有33具，存于古庙神洞之中。汶泉傩神、傩舞、傩面具三宝齐全。

（2）赤山石洞口傩庙

石洞口傩神庙位于上栗县赤山镇丰泉村，始建于明洪武年间。傩庙面阔三间，进深三间，歇山顶。庙前有高大的风雨亭，两边为厢房和酒楼，保存完好，面积为550平方米。原风雨亭和酒楼戏台被毁，现有的为重建。

汶泉傩神庙

（3）石洞口傩文化园

位于上栗县赤山镇，是举行傩艺活动和供奉傩神的地点，外貌宏伟壮观，气势磅礴。每年正月，傩舞队就会到每家每户表演，另外，秋收季节也会表演傩戏。正在兴建的傩文化广场是一处休闲、观赏的场地，以突出傩文化意蕴为主题，并带有古韵景点，走在其中如在画中游。石洞口“傩文化园”是一座以傩文化为特定主题，融会赣西民俗风情、民间艺术，集祭祀、观赏、娱乐、休闲、购物等一体的综合性文化乐园，也是一个兼具文化、教育、科研、观赏性的旅游度假胜地。上栗傩舞、傩庙、傩面具，堪称民族奇葩、中华一绝，在国内外影响极大。

（4）小枧傩庙

小枧傩庙位于上栗县东源乡小枧村小枧街，始建于明洪武七年（1374 年），重修于清代，属于省级文物保护单位。小枧傩

小枧傩神庙

起源于唐元和六年（811 年）前后，首先其庙宇在田心村，1368 年搬至田心水口山，1720 年被烧毁后择建在东源小枧。该庙总面积为 2800 平方米，为四栋三间二进一房三室，歇山顶，庙前原有一个高大的风雨亭（1954 年拆除），风雨亭对面是戏台，与大殿成直线，两边为厢房和酒楼，共 18 间。清同治十年（1871 年）进行扩建，右边增加了观音堂，左边增加大小七间斋堂，占地面积约为 3000 平方米，是萍乡迄今保存最大且最完整的一座傩庙。据史料记载，小枧傩庙原名“遵宣祠”。明宪宗成化十二年（1476 年）小枧傩庙开始往外派生，先后转入湘东毛园、下埠、芦溪新泉、南坑、上栗赤山、桐木等地。现收藏古傩面具计 128 件。

（5）福崇庵

福崇庵位于湘东区排上毛园。南宋嘉定年间，毛园陈氏祖先在长塘建福崇庵供奉傩神。乾隆年间，陈云波父子将庵改建成一栋两进庵。后人不断翻修改造，福崇庵一直保存至今，已

有 800 年历史。福崇庵傩庙、傩舞、傩面具三宝保存较全。一具石傩面具保存完整。庵堂现存木傩面具 384 具，所存傩面具数量为全国第二。附近几个村有三支傩舞表演队，“文化大革命”以后，专家、学者纷纷来毛园考察傩文化。截至 20 世纪 90 年代，先后有法国、日本、德国、意大利等国的专家来此地考察。2002 年，福崇庵被列为市级文化保护单位。

2. 萍乡文庙 >>>

萍乡孔庙，是在全国已知的 22 座孔庙中兴建较早的，年代仅晚于山东曲阜孔庙，也是全省保存最为完好的孔庙。萍乡孔庙始建于唐武德年间，为唐萼倡建，故址在市南的南宝积寺后，北宋时兵毁。自南宋后经过 8 次迁建，清顺治十年（1653 年）重建，现存建筑为清雍正十二年（1734 年）所建。现为省重点文物保护单位，并被辟为市博物馆。

前殿是一座传统宫殿式样的建筑，巍峨雄踞，气势非凡，端庄沉寂。前殿东有名宦祠，西有乡贤祠，而正中就是大成

萍乡孔庙

门，门上悬一横匾，上书“德侔天地”四个大字。前殿的梁枋之间，沥粉贴金，描龙画凤，满眼金碧辉煌。厚重的红色木门，斑驳的粗大木柱，渗透着岁月的沧桑。内面是一古朴雅静的庭院，苍翠葱茏，幽竹掩映，玉兰飘香，左右两边是长长的回廊，廊前石柱环绕，大成殿就在庭院的正中轴线上。大成殿前檐石柱上云龙缠绕，露台石栏望柱上雕刻的千年龟、千年鹤栩栩如生，露台前的石阶上蟠龙盘踞，精美古朴。大成殿上悬着一块刻有“道冠古今”的横匾，寓意孔子的道义称冠于古今。旁边柱上刻有一副对联，上联是“立儒说施仁爱传德政授弟子万世师表”，下联是“删诗书定礼乐修春秋赞周易千秋圣人”。大成殿内，正对的是孔子的彩塑神像，观其面容仁慈，双目有神，旁边牌位上书“大成至圣先师孔子神位”。大成殿的西侧就是训导斋和明伦堂，旧时就是学子们求学读书的地方，现在已辟为萍乡古代文明陈列馆，它以我市出土文物和馆藏文物为线索，介绍了有着1700多年历史的悠悠古城的漫长岁月及其灿烂的古代文明。

3. 良坊民俗馆 >>>

良坊民俗馆位于良坊镇井边村宽敞高大的王氏大宗祠内，于2005年8月8日开馆。该馆通过实物和场景再现等形式，还原了赣西民间古老的生活耕作习俗，展示了地方特色浓郁、濒

良坊民俗馆

临消泯的民间文化遗产。

馆内设六个展室，即：餐饮习俗、民间工艺、农耕用具、寝居衣着、风土文化、风俗民情。展品860余件，其中有560年前的石碑、珍贵的纸马刻版，400年前的石水缸，200年前的古代雕花床，清朝时的香炉等铜器铜币，民国时的货币、国债、银币，新中国成立后的布票、粮票，旧时的油榨、水车、土织布机、花轿、绣花鞋等，并以文字图片的形式详细介绍了莲花的风土民俗，诸如婚丧嫁娶、节庆祭祀等，还陈列了不少政界、文化界知名人士的题词。矗立在中厅的是一块出土的明代碑石，堪称镇馆之宝。馆内设有戏台，挂有大钟，可供游客赏戏、体验撞太平钟等互动活动。

4. 吴楚雄关 >>>

吴楚雄关位于莲花县三板桥乡田南村，距县城 18 千米，沿 319 国道可直达。雄关处于吴楚两境的交界地，原名“界头岭”，又称“关城隘”。城隍庙立于山坡上，坐南朝北，前后两栋，“上供城隍下建戏台”。前栋是个面向神殿的“倒戏台”，中间恰好有拾阶而上、筑有九个平台的回廊、院落，视线无遮拦，宜于观赏。

吴楚雄关

吴楚雄关历来为吴楚通衢和军事要冲。宋绍兴二年（1132 年），名将岳飞奉旨征讨茶陵曹成，率军路经此关。宋淳熙二年（1175 年），江西提督辛弃疾奉令征剿茶陵赖文政，曾驻军雄关。明末，张献军率军抢关入境。清咸丰五年（1855 年），太平军曾几度争夺此关入永新和厅城。清咸丰六年（1856 年），湖南监军赵焕联驻军楚界，挖壕、筑城于岭上，题匾曰“吴楚雄关”。

吴楚雄关遗址尚存，遗址边上的界市城隍庙保存完好，每年古历十月举行烧太平香庙会，既是佛门盛事，又是商贸大集。更有唱三脚班、舞龙灯、赛军乐等文娱活动。两省三县信民云集，拜佛、购物、看戏、游玩，不亦乐乎。

5. 仙凤朝阳 >>>

文廷式墓于清光绪二十九年（1903 年）建于杨岐普通寺后的丹凤朝阳处，占地面积为 52 平方米。碑文、对联清晰可辨，墓表刻有清沈增植撰写的对联“有清元儒，东洲元觉”。墓高 1.8 米，直径为 3.5 米，占地面积为 74.69 平方米。墓坐北朝南，墓云顶刻有“文公廷式墓”5 个字。墓前有石望柱二根，上刻对联：“卜兆取兹方故实未湮皇览徒从今当补记”，“表轩终有待乡贤如接泷冈吉日更题辞”。墓后罗围中有墓碑，刻正楷字“诰授中宪大夫晋封资政大夫日讲起居注官翰林院侍读学士显考文公讳廷式府君之墓。”墓左右石刻对联曰：“鸥鹗东徙松槚成行，青简尚新宿草将列。”后碑左侧是文廷式后嗣的碑文，右侧是南昌知府沈曾植作的墓表。文廷式墓为省级文物保护单位。

文廷式墓——老倌子

6. 上埠、南坑陶瓷工业遗址 >>>

萍乡境内瓷业生产相当发达，历史悠久。宣风、桐木、赤山、南坑、上埠等遗址中出土陶片上万件。从出土文物考证萍乡境内的陶瓷生产历史可上溯商周时期。南宋晚期萍乡瓷业集中在南坑坪村、易家岭、坭壁头、凤凰坡、窑下、瓦子坳、炉下等地。明末时期转移到上埠,成为萍乡制瓷中心。清光绪年间，景德镇陶瓷技师葛兴顺来到上埠，发现上埠瓷泥质地优良，提出改进窑炉,从此细瓷工艺传入萍乡。光绪三十一年（1905 年），喻兆藩等在集股萍乡城内花唐前成立萍乡瓷业有限公司。喻兆藩任总办，在上埠设立萍乡瓷厂，增建均益、高泰等 4 座正窑。民国二十七年（1938 年），原设景德镇江西陶业管理局和江西省立陶瓷职业学校迁来上埠并接管萍乡瓷厂，增添机械工艺，柴窑改煤窑。新中国成立后，萍乡在上埠建设国荟瓷厂，即萍乡瓷厂和上埠民生瓷厂。南坑古窑址现已被列为文物保护单位。

7. 宗濂桥 >>>

芦溪老石桥（宗濂桥）

芦溪老石桥亦称宗濂桥，位于芦溪县城沿河路。全桥长 68 米、宽 7.3 米，为四墩五拱结构，全部由方块形麻石砌成，东西横跨袁河水面，整座桥显得雄伟壮观、朴实厚重。而真正的宗濂桥是在石桥下游 10 多米处的一座石墩木质结构的木桥，为纪念周敦颐先生（号濂溪先生，曾任芦溪监税官），故起名宗濂桥。宋濂桥多次被洪水所毁，多次重建。1935 年，芦溪人民才开始筹资造桥。1943 年石桥正式竣工。石桥曾承担 320 国道主桥重任，后又一度充当农贸市场的角色，历尽沧桑。而今，袁河两岸，焕然一新，随着袁河路的修通，石桥西桥头恢复原貌、重现光彩。1995 年，老石桥被市文物保护局列为重点保护文物。

8. 路口古民居 >>>

路口古民居位于莲花县路口镇，包括阳春、湖塘、南岸等村庄的古建筑，大多建于清代，也有少数明代建筑。是莲花厚重的古色旅游资源的典型代表。

路口古民居建筑群规模大，是明清时代兴建的古建筑群，建筑面积达2.5万平方米，这批古祠旧宅近30栋，整齐序立、结构恢宏、布局严谨、艺术造型典雅古朴，大小巷道交错纵横，巷道皆以卵石铺成，水沟及屋基均用人工磨过的青砖、条石砌成。每栋深宅大院进深长26.76米、宽19.65米，占地面积达500平方米，呈二层三进式并联木架结构，内房分为三四十间不等。登堂入室，镂金溢彩、木雕彩绘、石刻书画、匾额楹联，琳琅满目，工艺精湛，令人叹为观止。这批建筑物是莲花县及周

古民居

边地区历史文化的积淀，让人强烈地感受到明清时期民间文化的艺术氛围，具有较高的观光、开发、研究、利用价值，游客可以在这里欣赏明清古建筑艺术。

9. 欧阳琮墓 >>>

欧阳琮墓位于芦溪狮子岩，为唐代墓葬。墓坐东朝西，墓堆边直径为3米，白色砖砌，墓碑文字为“唐欧阳琮公墓”。墓侧原有石碑，上书“天下第一墓”。墓主欧阳琮，萍乡籍人，唐代吉州刺史，欧阳修后人。清乾隆二十七年（1762年），欧氏子孙对墓进行了维修，立石狮子于墓前，左右各一。

10. 兴文塔 >>>

兴文塔，坐落在芦溪县宣风镇茶垣村境内袁河东岸边与浙赣铁路之间。《昭萍志略》亦载：清道光癸卯年（1843年）由萍乡县知县集资兴建，进士敖星煌监修。寓人文鼎盛之意，

兴文塔

名兴文塔。该塔距宣风镇约3500米，塔的北面几丈远处便是袁河，袁河的两岸都是绿树杂生着的村落。河面在阳光照射下闪烁着粼粼波光，风景如画。该塔七层八棱，高35米，占地面积达31.4平方米，底层内空20.25平方米；塔的底层由约3米厚、5米长的麻石所砌，非常厚实，而上面各层均是用白泥砖块砌成的。塔顶为葫芦型。塔身建造得非常整齐美观。塔的正门朝西向，门上方是半圆形，门楣上刻着“兴文塔”三个大字。该塔于1984年10月被列为市级重点保护文物。

11. 如愿塔 >>>

位于萍乡城西城郊管委会汪公潭境内龙山岭上。如愿塔为萍乡名胜。塔高28.8米，塔基为粉红麻石砌成，底层直径为8.8米，底门朝东北，正对今城市中心。塔身7层，每层皆为青砖垒砌，八角外形，以青石条叠伸成檐，各层4孔，共计24孔，外表每面均有雕刻装饰。塔内嵌有石碑，碑文记载了建塔经过，碑以浮雕石龙框边，上有浮雕丹凤朝阳，塔底层以花岗岩砌成，以上为青砖砌筑，每层以青石条叠伸成檐，各棱为石制马首形桃檐，每层设有4个窗孔。塔顶呈圆锥形，由坚硬麻石琢成。整塔结构严谨，造诣精深，气势雄浑，远观如宫灯挂壁，近看似巨笋顶天立地。1983年4月，如愿塔被列为萍乡市重点文物保护单位。

12. 楚王台 >>>

该景点坐落于上栗县桐木镇楚山村楚山的山巅，交通便利，距县城12千米，占地面积为2000余平方米。初唐韩吏部自潮移袁过其庙而留咏，据记载，此乃楚昭王点将台屯兵之地。楚昭王庙，因一贯多白蚁，整座庙只剩下几垛墙，只剩石门

架。有一块石碑高70厘米，宽30厘米，头上刻着“楚昭台”，中间是“昭王圣帝神位”，另外，还存有乾隆年间的香炉。楚王台等18处自然景观于2004年6月被列入上栗县重点文物保护单位。

楚王台

楚王台山峰植被保护很好，青山怀抱，绿水长流，地势险局，有丰富的自然景观和人文景观。初探此地有跑马道、马水槽、试剑石、试弓石、马蹄印、练兵场、点将台、蛤蟆石、韭菜林、香炉山、蚱蜢石、天然洞等10余处自然景观。山上共有16处天然泉眼。

13. 拱辰塔 >>>

拱辰塔耸立于上栗县赤山镇大宝山赤山镇政府机关大院内。同治九年（1870年）里人公建。该塔九层八面，辰层为花岗岩建，以上为白砖平砌，层与层之间由长条形花岗岩砌成，各层有卷一顶窗孔4个，塔高28米，底层直径为6.4米，底围达21.28米。塔的建设充分显示了我国劳动人民高超的建

拱辰塔

筑艺术水平。古塔多次被雷击，但仅损其顶，塔身曾遭日寇枪弹，弹痕累累。百余年来它稳如磐石，屹立在大宝山上，充分显示了我国劳动人民高超的建筑艺术水平。此塔属于萍乡市级文物保护单位。

14. 仰山文塔 >>>

仰山文塔，雄踞武功山西南麓，位于莲花县路口镇路口村，距县城20千米，沿省道吉（安）莲（花）公路可直达。塔影夕照是赣西一大景观，已作为名胜古迹载入《辞海》。

路溪刘氏，从永新仰山迁徙而来。仰山刘氏在宋、明时期出过名扬天下的大臣刘沆、刘定之。为延续仰山文脉，此塔于明万历十五年（1585年）族人集资兴建，并冠名“仰山文塔”，以示不忘故土，祈愿文风再振。清康熙四十四（1705年）重修。塔高22.4米，底围16.8米，厚1.4米，七层八面，砖木

仰山文塔

结构，油灰砖砌制的密檐楼亭。底层有门西南向，上嵌石碑，镌刻“仰山文塔”4个字，二层同向嵌有文塔赞词碑刻。顶覆一铜铸葫芦形宝顶，虽经400余年的风雨剥蚀，犹有光泽。塔内有梯可达顶层。该塔建于阡陌平畴，每块砖都是依塔形特制的，砖雕、石刻、碑铭，无一不全。古塔与当地村民休戚与共，保存完好。

15. 芦溪老街 >>>

芦溪老街位于县城城区，芦溪自古为湘赣两省通衢，境内的袁河为赣江发源河流之一，自古就被辟为重要航道，从洪都

芦溪老街

至萍乡又有官马驿道贯穿境内，使芦溪成为水陆两便的商品集散中心。这里商业繁荣，宋朝便设有监税机构，理学家周敦颐曾出任芦溪监税。据《萍乡县志》载："明中朝，芦溪商贾争相沿河迁建店房……大小店铺最盛时期达到460多家。"至今正大街、东桥街仍保持老街轮廓，部分老店房、老字号仍存在。

16. 浏市古街 >>>

相传浏市古街开始形成始于宋真宗赵恒年代，原地名叫金沙湾。通过历史变迁，随着地方经济的繁荣起落，逐渐形成一种以商贸为主的街道格局。今浏市街名称源自于当地古庙浏公庙，相传南宋理宗宝庆三年（1227年），为奉祀威勇侯刘佑生真人而建浏公庙。后来因浏公庙的香火繁盛，各地民众逐步将金沙湾地名叫成浏市街。近代史上的浏市古街曾是一个连接湘鄂等地商品贸易的水陆集散的繁华之地，曾有"小南京"之称。

浏市古街

17. 濂溪书院

北宋庆历年间（1041—1048年），中国古代哲学家、理学奠基人、教育家、文学家周敦颐遭贬，在芦溪任监税之职，整肃税政，繁荣市场，公务之余，他创办书院，开坛讲学。闻者不畏远道而来，求学者甚多，皆有长进，收获甚硕，成为江西最早的书院之一。周敦颐，号濂溪，人称濂溪先生，书院被称为濂溪书院。周敦颐离开芦溪之后，人们为表达对一代宗师周敦颐的尊敬，将濂溪书院改为宗濂书院，建濂溪祠，塑像奉祀。元代兵毁，明代重建。濂溪书院是现芦溪中学的前身。芦溪中学坐落于芦溪县的东南

濂溪书院

濂溪书院（芦溪中学）

面，地处袁河东岸，浙赣铁路离校仅1千米，320国道东西横贯于学校大门前，距武功山麓35千米，占地157亩，建筑面积为4.5万平方米。这里现在是一所现代化的省级重点中学。校内建有周敦颐先生的塑像。

18. 复礼书院 >>>

复礼书院，自古就被誉为“礼门义路，圣域贤关”的理学圣地，位于莲花县闪石乡，距县城 25 千米，沿吉莲公路可达。现为复礼中学校址。书院外古树小桥流水；书院内，林立的桂花树，簇拥书院创办人刘元卿（1544—1609 年）的塑像。刘元卿是明朝理学家、文学家、教育家。隆庆六年（1572 年），他倡导莲花、安福、萍乡、攸县等地二十四姓集资在武功山下书林洞前创办“复礼书院”。主体建筑为明德堂，是举行校庆和祭祀的地方。后为四贤祠，供奉王守仁、邹守益、刘阳、耿定向 4 位理学家的神主牌。祠有楼房三间，中为“留帖阁”，相传刘元卿保存了一本王羲之的书法宝贴而特意建造的。崇祯十年（1637 年）正月，明朝大

复礼中学

游行家徐霞客因仰慕刘元卿遗风，游历江右时，特意来到武功山下的复礼书院瞻仰。复礼书院旁的石城洞，是喀斯特地貌留下的奇景，徐霞客两次游览，叹为观止。

19. 江霞村古民居 >>>

萍乡芦溪县江霞村，有一大片建于明末清初时期的古民居建筑群。这些古民居为砖瓦一层楼结构，室内用精雕细琢的木块将每个住户一一隔开。一条约150米长的古巷道和一堵近百米长、长满古藤的围墙。20世纪50年代初，这里仍完整地保留着一片墙墙相连、自成一体、面积达4万平方米的古民宅群。历经半个多世纪的变化，大部分民宅因破旧均已被拆除，但至今仍保留着残墙破砖的遗迹。这些古民居是当地彭氏先辈们所建，已有300多年历史。

江霞村古民居

四 现代炫彩

（一）激情广场

1. 秋收起义广场

秋收起义广场由秋收起义萍乡陈列馆、中央、西北、东北、东南4个广场构成，占地面积为23万平方米。碑身正面为江泽民题的“秋收起义纪念碑”几个鎏金大字，这里是全国爱国主义教育示范基地。

秋收起义广场

2. 绿茵广场

绿茵广场位于萍乡城市中心区最繁华的商业街跃进路与昭萍路交会处，广场绿草如茵，绿树成荫，并建有喷泉和玉女披衣的雕塑。是萍乡最早建设的休闲健身场所。2010年广场开始全面改造，建设由市人防办招商引资、外商投资的平战结合人防工程，并引进国际大型零售企业沃尔玛。

3. 世纪广场 >>>

世纪广场位于安源新区萍安大道与井冈山路交会处，占地面积为150亩，是集文化、休闲、娱乐、健身、交往为一体的市民文化教育广场。总投资6500万元，目前已完成投资2500万元。世纪广场对整个安源新区开发建设起到画龙点睛的效果，充分体现了安源新区“花园城市、欧式风格”的定位理念。

世纪广场

（二）科技（文化）场馆

1. 萍乡市博物馆 >>>

萍乡博物馆坐落在萍乡市滨河东路“三角洲”，风光秀美的萍水河畔，上邻秋收起义广场与彩虹桥，下接鹅湖公园，面对风光绮丽的金螺峰和虎形公园。

萍乡博物馆是保护、研究和展示历史文化遗产和人类环境物证的专门机构，是集收藏、考古、研究和展示于一体的综合性现代化博物馆，是进行爱国主义教育、历史文化和科普宣传的重要阵地。

全馆占地40亩，建筑面积为16900平方米。内设有陈列展览

萍乡博物馆

区、民俗风情区、学术研究区、行政办公区、观众服务区等。生态化、园林化、休闲性的设计理念使博物馆成为萍城的一座文化公园，是市民和观众参观学习兼游览休闲的理想场所。

地址： 萍乡滨河东路三角洲
交通： 市内公交8路可直达，7路、4路至秋收广场下可达
开放： 每天8：00—16：00
门票： 凭证免收

2. 安源影视城 >>>

安源影视城，又名安源古城，位于安源镇花冲坳，占地面积为68亩，江西省最大的影视拍摄基地，是集商贸、休闲、娱乐于一体的综合旅游景点。该影视城建筑面积为1万平方米，整体建筑为仿古式房屋、街道，浓缩老安源的建筑、茶楼、烟馆、祠堂、工人俱乐部等50多处景观，内设仿古一条街，安源经典影视资料馆、毛主席与国际友人图片展馆等，旨在重现20世纪二三十年代的安源老街旧景。同时还呈现了早期在萍乡拍

安源影视城

摄过的矿井、道具、演出剧照、名人题词。安源影视城的建成促进了安源红色旅游开发，更加方便了以安源为题材的影视剧的拍摄。

3. 萍乡市城市规划展示馆 >>>

萍乡市城市规划展示馆位于萍乡开发区经贸大厦附属二楼（含一楼门厅），总面积约为2300平方米，其中一楼门厅约为140平方米，二楼大厅约为2160平方米。

萍乡市城市规划展示馆

总体布局为5个展区：城市总体规划展区、图文展区、3D数码科技影院功能区、县区规划展区和附属功能区。城市总体规划展区展示城市总体规划模型、市域体系规划、城市总体规划、近期建设规划、专项规划成果等；图文展区展示城乡规划公示公布、历史沿革、建设成果、新区建设、未来发展等内容；3D数码科技影院功能区应用数码科技手段展示了萍乡城市的美好未来；县区规划展区展示各县区规划建设成就；附属功能区包括办公室、会议室、控制室、卫生间、一楼门厅等。

（三）学府名校

1. 萍乡学院 >>>

萍乡学院是经教育部批准设置，面向全国招生的全日制公

萍乡学院

办普通本科院校，是萍乡最高学府。萍乡学院坐落于江西萍乡郊区流万。现有校园面积1008亩。校舍建筑面积为26.66万平方米，其中教学行政用房为17.75万平方米；有教学实验（室）中心132个，校内（外）实习（实训）基地125个，教学科研仪器设备总价值为5232万元，含图书馆纸质藏书95.85万册、电子图书25万册。新建了工程训练中心、材料工艺实训中心、音乐厅、艺术楼、学生公寓、若水读书广场、学术交流中心、体育馆及训练中心、行政及科研中心等。校内杜鹃山、樱花岭、桃李园、荷花池、紫东阁等构成了融自然与文化为一体的校园景观。

学校现设置12个系（部），开设43个专科专业。现有全日制在校生8455人，其中本科生有494人。现有专任教师498人，其中教授有37人，副教授有150人。

2. 萍乡中学 >>>

萍乡中学（简称萍中），是江西省重点高级中学。萍乡中学地处萍乡西城鳌头山上，渌水荡漾过此而折向西南。学校素有“赣西文化堡垒，渌水知识摇篮”之美誉。学校前身为鳌洲书院（始建于明万历年间）。光绪二十八年（1902年），书院改为“萍乡学堂”，后数次更名。萍乡中学具有光荣的革命传统。萍乡中学培养了一大批革命志士及在历史上有一定影响的人物，如大革命时期壮烈牺牲的邓贞谦、彭树敏烈士，曾任湘鄂赣省委书记的林瑞笙等。另外，张国焘也曾在萍乡中学就读。中国科学院院士吴学周、陈述彭、简水生、颜龙安，二胡作曲家、演奏家黄海怀，作家中杰英，新中国成立后第一任国务院海关总署署长孔原等，均是历届校友中的佼佼者。

萍乡中学

（四）繁华街道

文化路步行街 >>>

萍乡市文化路步行街总投资4亿元，于2006年正式建成。步行街长达1168米，总占地158亩，总建筑面积达26万平方米，全长1168米，建成时是我省境内最长的一条步行街。步行街南起昭萍东路，北至朝阳路，是连接南北城区的一条中心纽带。文化路步行街是由主题广场、文化广场、休闲广场等5个面积不同、风格各异的广场相结合，形成的极具特色的商业广场。步行街整体建筑形态结合了现代及欧陆风格，集大型购物、文化活动、休闲娱乐、餐饮、商业、金融为一体，是我市目前功能齐全，景观优美的城市公共商业建筑群，也是萍乡市内人气最旺的一条街道，被称为萍乡的“上海南京路”。

CHAPTER 3

行在萍乡

——便捷顺畅

一 外围交通，四通八达

（一）民航

萍乡市区距离南昌昌北机场3小时车程，距离长沙黄花机场2小时车程，距离宜春明月山机场90分钟车程，市内各大酒店都提供机票代售服务。

（二）火车

萍乡火车运输历史悠久，早在 1899 年就建成了萍乡第一条铁路。萍乡火车站是一等站，隶属南昌铁路局，年发送旅客量达 220 万人，货物发送量 859.7 万吨。萍乡有 3 个火车站，萍乡北站是沪昆高速铁路杭长段在江西省内设立的一个高铁站点。站内停靠 100 趟列车(始发车:5202 次萍乡—南昌、5201 次萍乡—南昌、5222 次萍乡—南昌、5221 南昌—萍乡、D6398 萍乡—九江、D6397 南昌—萍乡。动车组：115/8 长沙—南昌、D205/8 南昌—长沙、D207/6 长沙—南昌、D117 南昌—长沙、D107/6 长沙—上海虹桥、D105 上海虹桥—长沙)。

二 域内交通，随心所欲

萍乡公路四通八达，星罗棋布，有沪昆高速、320国道、319国道贯穿市境，还有省道、乡村公路和芦万武旅游公路等密布城乡。汽车运输发展较快，建有长途客运站（北站）、市内客运站（南站）、公交车站。市内有30条公交线路，覆盖城内各个街道、小区和城郊部分地区。萍乡出租车有多个公司，的士在大街上川流不息，收费低廉，服务较好。总之，在萍乡出行非常方便。

长途客运站

芦万武旅游公路

三 特色线路，各取所需

（一）绿色旅游

A.孽龙洞—麻山幸福村—鹅湖公园、虎形公园；

B.武功山—发云界—羊狮幕——万龙峡漂流；

C.武功山—西海温泉度假村；

D.武功山—明月湖—鹅湖园、虎形公园。

（二）红色旅游

A.秋收起义烈士陵园—安源纪念馆—秋收广场（秋收起义纪念碑）；

B.莲花县宾兴馆—安源纪念馆—秋收广场（秋收起义纪念碑）。

（三）古色旅游

A.杨岐山普通寺—李畋纪念馆—傩文化园—萍乡博物馆；

B.横龙寺—宝积寺—萍乡文庙—萍乡博物馆；

C.莲花古民居群（湖塘村）—花塘官厅（朱益藩故居）—萍乡文庙—萍乡博物馆。

（四）综合线路

A.一日游：安源景区—孽龙洞；

B.两日游：武功山—安源景区—萍乡博物馆—秋收广场；

C.三日游：武功山—秋收起义烈士陵园—安源纪念馆—孽龙洞—傩神庙—杨岐山。

（五）自驾游线路

萍乡—福田红鱼文化村；

萍乡—清溪孽龙洞；

萍乡—东桥（油菜花、桃花）；

萍乡—麻山幸福村（葡萄）；

萍乡—芦溪东阳村（葡萄）；

萍乡—武功山云雾茶场；

萍乡—万龙山茅店村（白鹭天堂）—麻田葡萄园；

萍乡—芦溪—芦万武公路—万龙山谭家坊茶场；

萍乡—张佳坊杂溪；

萍乡—山口岩水库—新泉梦蝶山庄；

萍乡—莲花路口古民居；

萍乡—南坑明月湖；

萍乡—长丰锅底潭。

（六）单车骑行线路

芦万武公路—万龙山青龙山；

芦万武公路—万龙山槽下杨家岭；

萍乡—银河紫溪茶场。

（七）徒步穿越线路

羊狮幕—明月山；

羊狮幕—发云界；

发云界—武功山；

玉皇山—九龙山。

CHAPTER 4

住在萍乡

——如家如乡

一 星级宾馆

1. 七星国际商务酒店 >>>

七星国际商务酒店是按照五星级标准建造的一座大型豪华商务酒店，位于秋收起义广场北侧，便利的地理位置将是商务客人的首选。酒店建筑面积为45000平方米，集客房、餐饮、娱乐为一体。酒店共拥有各类客房230间；餐饮设施包括楼外楼中餐厅、国际餐厅、风味餐厅、大堂吧、多功能宴会厅、会议室、贵宾接待厅和24小时的客房送餐服务；娱乐设施包括慢摇吧、KTV、网球场、台球厅、棋牌室、足疗、美容美发和保健按摩等。

七星宾馆

★ **地址**：安源区建设路78号，秋收起义广场北侧
交通：市内公交4路、7路、8路等公交车可直达
开放时间：08:00–16:30
房价：348元—1280元不等
电话：0799—6626666

2. 萍乡迎宾馆 >>>

萍乡迎宾馆

萍乡迎宾馆位于安源经济开发区玉湖路1号，是按五星级标准建造的，集政务、商务、会议、旅游、度假、休闲于一体的多功能现代化宾馆。萍乡迎宾馆占地面积为8万平方米，由风格迥异的别墅楼组成，宾馆拥有各式豪华客房54间，设有总统套房、豪华套房等多种房型，无论是政务接待、度假还是商务活动，必有一种房型能满足您的要求。

萍乡迎宾馆拥有一流的现代会议设施，可根据需要，举办不同规模的商务会议、展示会、新闻发布会、宴会和酒会。宾馆以汇集国内名师亲自主理的湘、赣、粤美食服务八方来宾，秉承中国美食文化渊源，精雕细琢，烩制独具特色的美味佳肴。宾馆拥有大小8个豪华餐厅。宾馆内设有舒适的茶吧、斯洛克台球室、乒乓球室、健身房、室内恒温游泳馆等设施。

3. 武功山西海温泉国际度假酒店 >>>

2014年1月8日，美国豪生酒店集团与武功山西海温泉度假村正式签约，将于2014年5月入驻西海温泉度假村，成为西海温泉国际度假酒店的东家。美国豪生是一家具有86年历史的国际酒店管理集团，其总公司美国温德姆酒店集团连续7年荣膺全

西海温泉度假酒店

球最大酒店集团，旗下总共有7300多家酒店。武功山西海温泉国际度假酒店是美国豪生在赣西地区的第一家签约酒店，是萍乡第一家外资酒店。该酒店落户在武功山风景名胜区万龙山乡西海温泉度假村内，酒店按五星标准打造，装饰豪华、气派、高雅。酒店以最先进的国际模式和运营理念管理，以温泉养生为核心，做足温泉文化，是您沐汤养生的极好去处。酒店内商务中心、洗衣服务、送餐服务、叫醒服务、美容/美发、礼宾司服务、旅游服务、前台贵重物品保险柜、ATM取款机、擦鞋服务、免费停车、儿童看护、医疗支援、会议服务、大巴或轿车租赁服务、公共区域免费无线宽带、健身房等各种服务细致入微；中西餐厅、咖啡厅、SPA、桑拿按摩、室外游泳池、室内游泳池、台球、篮球、乒乓球、露天温泉、卡拉OK厅、棋牌麻将各类设施应有尽有，让您体验奢华舒适的贵族享受。

4. 蓝波湾花园酒店 >>>

蓝波湾花园酒店位于萍乡新区安源东大道 16 号，地处 319 与 320 国道交会处，离火车站 10 分钟路程，去汽车站仅需两分钟，距长沙黄花机场仅 60 分钟，交通十分便利。酒店是一家集客房、餐饮、娱乐、休闲、会议、游泳、度假于一体的江西省首家四星级综合性花园式酒店。 酒店拥有各类豪华标准间、商

蓝波湾花园酒店

务套房及别有风格的日式套房和别墅房近200间；豪华尊贵的龙腾阁海鲜食府，提供精美的高级粤菜、传统特色地方菜肴，共设有13间各具特色的贵宾包厢，满足不同客人的需要。还有浪漫怡情的东南亚特色美食自助城，翡翠明珠KTV酒城，功能齐全的天池康体足浴中心，风格各异的大小会议厅、多功能宴会厅等。另外，水上乐园设有1200平方米的大型室外游泳池、500平方米儿童戏水池、休闲池、大型户外人工造浪池、极富刺激的旋转皮艇滑道和V型浪板滑道，为您提供商务旅游、休闲娱乐、联谊活动的理想空间。

5. 安源宾馆 >>>

安源宾馆位于江西省萍乡市最繁华的跃进南路，隶属萍乡市政府办。为萍乡市首家三星级旅游涉外宾馆，地处萍乡市政治、金融、文化、商业中心圈，交通极其便利。有健身房、卡拉OK厅、棋牌麻将、乒乓球室等娱乐设施。宴会厅设有11个包间，提供精制的传统赣、粤菜式和正宗湘菜、生猛

安源宾馆

海鲜；喜庆厅可容纳 180 人，荟萃东方美食，展现烹饪艺术；逸升轩厅可容纳 190 人，提供早茶，自助早餐、午餐和晚餐（如用自助午餐、晚餐，请提前预订）。同时还提供商务中心、洗衣服务、送餐服务、叫醒服务、美容 / 美发、旅游服务、前台贵重物品保险柜、免费停车、会议服务等，可谓完善周到。

6. 豪门国际大酒店 >>>

萍乡豪门国际大酒店位于萍乡市区繁华的跃进北路 399 号，毗邻美丽的绿荫广场，距火车站仅 3 分钟的车程，交通非常便利。是一家集客房、餐饮、娱乐、沐足等多个服务项目为一体的三星级旅游商务酒店。酒店楼高 21 层，占地面积为 990 平方米，建筑面积为 15000 平方米，大厦外形独特，是萍乡城标志性建筑之一。一楼为我们酒店的大堂，前台能为您提供贵重物品寄存，附设商务中心，代办火车票、飞机票及旅游线路等服务；二楼、三楼为“海天情酒楼”，拥有包厢 19 间，宴会厅能同时容纳 300 人用餐。

豪门国际大酒店

7. 君悦豪门大酒店 >>>

萍乡君悦豪门大酒店坐落于萍乡繁华的商业、娱乐中心——路进路与八一路相交处，酒店楼高19层，是萍乡市地标性建筑之一。酒店由顶级设计师倾情创作，各种设施功能齐全，拥有各类豪华客房。酒店二至四楼豪门夜宴夜总会设有50间奢华包厢，完美引领江西娱乐新时尚。五楼餐厅荟萃粤、湘、赣等各大菜系，名师主理，风味别具一格。酒店还设有桑拿洗浴，康乐健身等配套设施，为每一位客人提供全方位的贴心服务。是宾客来萍洽谈商务、旅游休闲、探亲访友的理想之选。

君悦豪门大酒店

8. 永生璞琚大酒店 >>>

萍乡永生璞琚概念酒店位于萍乡八一西路一号，是集棋牌、简餐、会议、客房为一体的四星级标准的酒店。内设中央空调，观光电梯，无线宽带上网。地处萍乡市繁华地段，比邻购物广场，交通及购物方便，住宿环境幽静舒适。附近有人民公园、电影院、步行街，是商务旅行时理想的下榻之所。 萍乡永生璞琚概念酒店的房间装修豪华、实用，凸显尊贵品位，是旅行、洽谈、购物的方便之所。价格实惠，品质高雅。

9. 武功山中安养生宾馆 >>>

武功山中安养生度假宾馆是赣西唯一一家氧吧休闲式旅游酒店。酒店地理位置优越，环境优美，地处国家4A级风景名胜区、江西境内最高峰——武功山。

武功山中安宾馆

武功山中安养生度假宾馆是以餐饮住宿、旅游休闲、商务会议、特色产品超市为主的高级景区酒店。酒店拥有休闲客房、云海观景、豪华套间、中式餐厅、大型会议室、豪华包厢、KTV、棋牌室、西式快餐，酒店设备齐全，服务一流，景色迷人。

10. 上栗南天宾馆 >>>

南天宾馆是由南天实业有限责任公司投资过亿元，按国际四星级酒店标准精心设计建造，并委托湖南华豪国际酒店管理有限公司驻场管理的大型综合酒店。酒店坐落于江西西部、萍乡之北，被称为赣西第一县的上栗县，交通便捷，位于319国道上栗县城滨河大道路段，距离长沙120千米，距离杨岐普通寺5千米，距离孽龙洞景区10千米，并与上栗汽车站相邻。酒店营业面积为1.7万多平方米，主楼高16层，主体建筑气势宏伟，设计经典独特，融艺术性和人性化为一体，装修奢华、典雅。酒店集中西餐饮、住宿、足浴、休闲、娱乐、会务、茶艺、康体、健身等为一体。中餐可同时接待600人用餐，拥有各类贵宾房共计148间套，含足浴、美容、美发、保健推拿、KTV等综合服务，风格迥异、豪华时尚，拥有大、中、小会议室3间，是宾客休闲下榻、商务洽谈、举办宴会等活动的理想场所。

11. 西地亚商务酒店 >>>

芦溪西地亚商务酒店是集住宿、餐饮、会议、娱乐为一体的国家三星级旅游饭店，地处芦溪县武功山大道（交通局大楼），毗邻高速路口，武功山风景大道口，距离AAAA级武功山风景名胜区仅需40分钟车程，交通便利，泊车方便。酒店占地面积为9200平方米，建筑面积为8000平方米，于2008年7月份开始筹建，总投资额达300万元，于2008年11月23日正常投入使用。酒店设有客房、咖啡厅两大块，其中客房总数为72间，分别是套间3间、标准间60间、单间9间；咖啡厅又分两部分，一部分为中餐，在二楼包厢，二楼包厢总数为8间，可同时容纳90人的中餐；一楼为大厅，大厅主要以西式简餐为主，有餐位15张。酒店环境优雅，服务周到，是商务会议、家庭聚会的理想场所。

西地亚商务酒店

12. 萍钢宾馆 >>>

萍钢宾馆是由萍钢公司投资，按照四星级标准建造，引进中州国际集团酒店管理有限公司管理的集商务、会议、休闲、旅游于一体的国际化宾馆。宾馆位于萍乡市湘东区峡山口内，占地35000平方米，建筑面积为8800平方米。宾馆周围配套设施齐全，交通便利，可直达320国道和沪瑞高速公路，距长沙黄花国际机场仅1.2小时车程，距萍乡市火车站仅20分钟车程。内部环境宜人，装饰豪华，风格独特，功能齐全。共拥有总统别墅、豪华套房、商务客房、标准客房等各类房间100余套，从及风格各异的中、西餐厅，各式宴会包房和会议厅等，2004年获得了“江西省餐饮名店”的殊荣。

13. 莲花宾馆 >>>

莲花宾馆位于江西省萍乡市莲花县永安南路14号，酒店拥有100余间客房，酒店提供住宿、餐饮服务、会议接待、足浴、足疗等服务，房间有免费的网线、24小时热水供应，周围交通便利。

莲花宾馆

二 田园农家

1. 梦蝶山庄 >>>

梦蝶山庄位于萍乡市芦溪县新泉乡市上村罗中坪（半山）。“梦蝶山庄”取庄子《齐物论》中“物化忘我、天人合一”之意，庄周梦蝶之典故。山庄坐落于竹海之间、武功山脚下，是集餐饮、会议、住宿、垂钓、采摘、休闲、养生、避暑、户外运动为一体的生态休闲度假山庄，总面积达2000余亩。

庄内视野开阔，果树林木成行成列，其宾馆内部设施完备、装潢典雅，可免费使用数字电视、宽带网络。拥有会议室、标准间、标准套房、豪华套房、豪华行政套房、特色主题房等40余间/套。此地依山傍水、气候宜人、环境优雅，不仅是旅游观光、修身养性的好地方，更是会议接待、商务活动、休闲娱乐的好场所。

梦蝶山庄

山庄饮食突出地方风味、山区特色，以农家畜禽、高山蔬菜为主料，主打土菜、野菜等无公害农家菜。另有水果（蔬菜）自采、浪漫垂钓、户外运动、农家乐、棋牌、桌游、球类、健身、游泳、露天电影、文化艺术学习、KTV、篝火烧烤、野餐、CS 等 10 余种室内外娱乐项目可供选择。

2. 隆盛生态庄园 >>>

萍乡银河隆盛生态庄园，坐落于山清水秀的银河镇墨溪村，距芦溪火车站7千米，东邻国家森林公园明月山20千米，北与国家森林公园武功山相距30千米，是集观赏、垂钓、体育、采摘、休闲娱乐和旅游商务于一体的田园理念生态庄园。现园区宾馆占地5000余平方米，有大型停车场，设有标准单人房、标准双人房、豪华单人房、豪华双人房、麻将房和商务套房共计50间。庄园设有大型宴会厅、20个精美包厢、2个VIP豪华包厢，可满足各种宴会需求。精心打造的会议厅宽敞舒适，可容纳近80人，现代化多媒体设备一应俱全，是组织公司会议、户外拓展、企业培训、产品展示、开研讨会的理想场所。

隆盛山庄

3. 灵芝峰宾馆 >>>

灵芝峰宾馆位于羊狮幕景区的万龙山槽下村杨家岭，提供住宿、餐饮、棋牌、会议接待等服务。宾馆环境优雅，周边林木茂盛，鸟语花香，空气清新，景色宜人，是夏季度假避暑的极佳去处。

灵芝峰宾馆所在地景区

CHAPTER 5

吃在萍乡

——余味绵长

一 美食文化

从萍乡地名的溯源来看，这片青山叠嶂、绿水环绕的沃土就与美食结下了不解之缘。三国宝鼎二年（267 年），萍乡设立县治，便有了驿馆、伙店、伙铺、酒家等从事餐饮、住宿的单位。萍乡食风深受吴楚文化，特别是楚文化的影响，加上东汉末年北方战乱，大量中原百姓南迁到萍乡，明末清初，福建、广东两省人民大量内迁到萍乡，因此形成了萍乡食风的诸多特色。

肥美的长平山羊肉，滑嫩的杨岐石鸡，甜爽的武功冬笋，鲜活可口的禾花鲤鱼，热腾腾、辣乎乎的杨胡子米面，早春翠绿的艾米古，冬月金黄的腊肉腊味……这些体现浓郁乡土风味的菜点，取材多用本地的山珍河鲜、土特产品，精于刀功，注重火候，讲究制汤、用芡、调味，烹调多用烩、炖、爆、炒、煎、汆、蒸等技法。成菜或形美味鲜，或滑爽软嫩，或干香酥脆，异彩纷呈，各具特色，口味特点是咸、鲜、香、辣，少用酱色与厚芡，忌甜口，却偏爱单独的甜菜。

萍乡的特色菜肴不胜枚举，比较传统的有：三层楼（萍乡杂烩）、红白肚尖、粉皮羊肉、活煮禾花鲤鱼、栽禾米粉肉、莲花血鸭、砂钵牛肉煮仔芋、香酥小河鱼、上栗手撕狗肉、煎太极图（黄鳝）、香辣苋浆（牛腩）、扎鱼、甲鱼焖猪手、油淋仔鸡、腊肉及各种腊味……

萍乡的点心小吃也颇有特色，米制品点心种类繁多，如萍乡米面、米豆腐、推浆米古、米发糕、硬米麻片、空心麻圆、各式粽子、汤圆、艾米古、麻糍、葱油米饼、象形水点心等，这与萍乡地处江南稻米之乡有关。

萍乡人嗜辣，无辣不欢。哪怕是一桌丰盛的筵席摆在面前，如果没有两三个辣味菜，还会说吃不下饭。这种饮食习惯与萍乡地处“卑湿之地”有关。辣椒几乎可与所有的动物性原料相配伍，风味互补，相得益彰。萍乡的“小炒菜”就是此类菜肴的代表。萍乡的辣味有鲜辣、香辣、糊辣、糟辣、豉辣、酱辣等多种风味，由此衍生出丰富多样使人垂涎欲滴的辣味菜。辣得韵味悠长，辣得淋漓酣畅。萍乡人加工辣椒有独到之处，像铺辣椒、白辣椒、油酥干红椒、辣酱、辣味霉豆腐等，都是佐酒下饭的极佳小菜。

萍乡菜的口味类型多种多样，辣味菜只是家常菜中的一部分而已。在1996年萍乡市烹饪协会编写的《萍乡风味食谱》上，辣味菜也是一小部分，而更多的是风味各异的美食佳肴。

萍乡的腊肉、腊味也堪称一绝。每年冬至后，农户人家杀了过年猪，就要熏制腊肉、腊味，以备正月里待客，所有的畜、禽肉及其内脏，鱼类及芋头、豆腐均可熏制，熏制前先用盐腌渍 2 至 10 天不等，然后悬挂在火塘 1 米多高处，燃木柴、树蔸、锯屑、谷壳熏制，冬季取暖，一举两得。熏制时宜文火慢熏，半个月后取下洗去烟垢，晾晒干爽，色泽金红。如浸在茶油缸里，可经年不坏。

柴火腊肉

腊肉腊味可蒸可炒，萍乡的“蒸五花腊肉”“冬笋炒腊驴肉”等，令人大快朵颐，食后难忘。

时空迈入改革开放的今天，萍乡菜点也是东西贯通，南北交融，争奇斗艳，推陈出新，在继承发扬传统特色风味的基础上，与时俱进，朝着“保健，营养，文化品位，色、香、味、形、器俱佳”的更高层次，为赣菜开辟一片新的天地。

二 传统筵席

萍乡人有着自己的饮食爱好和传统饮食习俗，长期以来，逐渐形成了独特的传统筵席“十大碗”，即每桌筵席上十大碗菜。逢年过节，一家团聚，摆上桌的是“十大碗”，婚丧嫁娶或新居落成都要办几十桌甚至上百桌的筵席，平时宴请客人，其席面也大多数是“十大碗”。萍乡地区这种“十大碗”，在质量上虽存在大同小异，但在萍乡地区（赣西地区的政治、经济、文化中心）已经形成了比较系统的、有地方风味特色的传统筵席，它在赣菜中有着重要地位。

根据萍乡地区风俗习惯，“十大碗”上菜程序是有严格规定的，其中十碗大菜有“三个头”或“二个头”之分，即第一道菜以名贵海味（如海参）为主菜，叫一个头，可带 1 至 5 道热菜，也可以用任何一道头菜上第一道菜，其成本每桌需几十元至几百元不等，一般上菜程序为：

1.葵花海参（头菜）；2.牲菜（鸡肉或羊肉）；3.八宝饭；4.目鱼肉丝；5.虎皮扣肉；6.清汤鱼肚（头菜）；7.红油杂碎；8.清蒸大虾（头菜）；9.烟笋熏肠；10.大块鱼。

上菜程序非常讲究，特别是第八道菜与第九道菜，在丧事宴席上要对换顺序，即第八道菜应上烟笋熏肠，而第九道菜再上清蒸大虾，因为萍乡习俗有“九九长”的口语，如果第九道菜上大肠则不利，需与第八道菜对换。上第五道菜虎皮扣肉，宴席主持人要代表主人讲话，并燃放鞭炮，以示向客人们致敬。上第十道菜时一定是鱼，表示有头有尾，一切顺利，客人们也知道这是最后一道菜，宴席要结束了。

近几年来，随着人民生活水平的提高，萍乡各地厨师纷纷在传统“十大碗”的基础上，进行了创造性的改进和提高，形成了具有地方特色和时代特点的传统筵席。

三 地方菜品

经萍乡人网络投票，推选出萍乡小炒肉、萍乡煎豆腐、手撕狗肉、南坑鹅肉、全家福、大烩羊肉、乡村小河鱼、小炒驴肉、砂锅牛腩、莲花血鸭十大具有萍乡特色的菜品。

芦溪也推出了本县的十大名菜：旺阁红灯照、格林米特东坡肉、葛仙水蒸鸡、南坑鹅肉、羊狮幕翠笋、辣炒土鸡、心肺木耳、碧绿黄金屋、过桥鱼、玉片烩牛腩。

1. 萍乡小炒肉 >>>

萍乡小炒肉以猪背脊肥肉、五花肉和瘦肉为主料，以蒜苗或芹菜为佐料，将肥肉入锅，爆炒出油，加入瘦肉、配料，注入肉汤，加调料煮沸，起

萍乡小炒肉

锅装盘。萍乡小炒肉深受湘菜影响，以香、辣著称，吃在口里虽辣，但原汁原味，香气四溢，具有浓郁的家乡风味，令人回味无穷。萍乡小炒肉是餐桌主打菜，几乎是家庭和餐店必点之菜。

2. 莲花血鸭 >>>

莲花血鸭

“莲花血鸭”是莲花县的一道特色菜品，始于南宋末年，深为食客喜爱，为“十大赣菜”之一。“莲花血鸭”用当地特产的优良品种麻鸭、野山茶油、当地水酒、红椒制作而成，烹制方法是：用茶油将活鸭片炒成七分熟后再放入辣椒、蒜子等佐料，炒香后放水与酒焖熟，待水分适当时，最后倒入鸭血放入精盐味精等调料，炒匀即成。色泽酱红、口感顺滑、香辣飘香，鲜嫩可口。当地有砻西炒法和上西炒法两种，各具特色。

3. 萍乡小河鱼 >>>

萍乡地处湘赣边境，境内多有灵山圣水，且清泉石上流之美景随处可见，而溪水常有小河鱼游戏其中，此种小河鱼为天然野生，怎么也长不大，最长可达三寸

萍乡小河鱼

许，村民常用渔网在夜间捕捞，早市出售。故萍乡乡村小河鱼为萍乡传统美食一绝，可干炸、可湿煎，外酥内嫩，香辣适口，美味绝伦。取小可鱼400克，热锅后加入植物油，下小河鱼，煎至两面金黄色，加入配料，注入高汤，煮沸后装盘即成。

4. 手撕狗肉 >>>

上栗的手撕狗肉实属一绝，汤浓味美，肉质看上去纤维较粗实则鲜嫩易嚼。与其他地方的狗肉相比，上栗的手撕狗肉独具风格，源于做法的精细和选料的讲究。在狗肉的烹制上，先将狗肉处理后用小火炆，炆好的狗肉是不主张用铁器的刀子来裁切的，而是徒手顺着骨头方向来撕，因此命之为“手撕狗肉”。

手撕狗肉

5. 煎太极图（手撕黄鳝） >>>

把适量鲜活的黄鳝放在装满清水的大盆里，清养（不喂任何食物）3天，让黄鳝把肚子里的污秽排净并洗净后，把活的黄鳝放进热油锅里，盖上锅盖焖煮，随后翻炒到一定程度，加以盐、酱油、料酒、姜、蒜、香叶等佐

煎太极图

料。活黄鳝在焖煮中从生到熟自然弯曲，曲卷成一个太极图形似的圆形，所以起名为“太极黄鳝”。吃时需要用手或嘴把黄鳝的肠子撕掉，所以又叫“手撕黄鳝”。此佳肴味道鲜美，营养丰富，香润可口。

6. 萍乡米粉肉 >>>

萍乡米粉肉

米粉肉也叫粉蒸肉，以湖北、江西、湖南、四川为最常用。其大致方法是将肥瘦相间的猪五花肉切成片，然后加入八角、红米粉等调味料，拌匀腌渍入味后，再加入蒸肉粉拌匀后，晾晒一两天为佳。吃时可以直接入锅蒸，如果嫌太油的话可以加入芋头、土豆、青豆、海带等原料一同蒸制，既可去油腻感，还可增加不同的风味。也可用荷叶包起来蒸，既方便，又能增加荷香味，然后上笼用旺火蒸约 1 至 2 小时，使粉蒸肉酥烂即可，还可用油煎炒至微黄。萍乡米粉肉以其油而不腻、酥香可口、入口即化的特色而倍受人们喜爱。

7. 冬笋炒腊驴肉 >>>

取腊驴肉200克、净冬笋100克、蒜苗30克。准备植物油、精盐、干红椒末、甜糯米酒、味精各适量。将腊驴肉蒸熟切片，冬笋切片，在炒锅上火放油烧热，先把冬笋放入炒熟，加入干辣椒、精盐，再把腊驴肉片、大蒜苗下入翻炒，烹入甜糯米酒、味精烹炒片刻便可起锅装盘。冬笋炒腊驴肉是萍乡腊味菜中的皇后级菜品，其特点是鲜辣香醇，令人食欲大振，吃后回味无穷，是下酒下饭的佳肴。

冬笋炒腊驴肉

萍乡特色小吃有杨胡子米面、南门田螺、萍乡米粉、艾米古、推浆米古、萍乡糍粑、家乡米豆腐、小豌豆煮汤圆子、红薯丸子、砂钵红薯粉丝、萍乡霉豆腐等。

四 特色小吃

1. 南门田螺 >>>

田螺与石螺不同，它的特点是壳薄肉厚。与一种叫紫苏的芳香草同炒一镬，便会产生一种香中有辣、辣中带甜的怪味。这一怪味，不但深受南方人喜欢，连北方人、港澳地区的同胞以及外国朋友也都十分喜欢，常常看见他们在街头小食档（也可在高级宾馆酒楼里），围着小木桌津津有味地品尝紫苏炒田螺。炒时，还可放上辣椒、葱或蒜、豆豉、盐等调味料品，使其味道更佳。其中以萍乡南门田螺风味独特，最为有名。

南门田螺

2. 杨胡子米面

杨胡子米面

杨胡子米面是现磨现做的米面，香辣嫩滑，新鲜营养。将又白又薄又嫩的面条煮沸后捞起，放入海碗，加入肉汤、肉丝、葱花、辣椒、黄酱等，香气四溢，令人垂涎欲滴。

3. 艾米古

艾米古

清明时节，田间地头有许多嫩绿的艾草，艾草具有抗菌及抗病毒作用，可以平喘、镇咳及祛痰，同时还有止血凝血、镇静、抗过敏及护肝利胆等作用。萍乡的老百姓最喜欢在清明节前后，采摘艾草做成点心——清明果（又叫艾粑粑，萍乡话叫“艾米古”，“古”同“估”的音）。将洗尽的艾叶用开水淖一下，拧干、剁碎，和上细嫩的米粉，揉成鸡蛋大的圆坨，放在笼里一蒸。端出来如玉一般的圆润青翠，清香飘溢，吃时蘸上白糖或豆粉，十分可口。

4. 萍乡炒粉

萍乡米粉主要有炒粉和煮粉等几种做法，而炒粉最具特色、最受欢迎。用米粉（湿）150克、绿豆芽50克，配以鸡蛋1个、瘦肉丝25克、小白菜心5片、葱切段少许、炼猪油50克、酱油25克、康师傅鸡精少许、盐少许、味精少许，以及切碎的红干椒少许。用开水把米粉泡软约 5 分钟，去水晾干，将锅洗净开火烧热，加炼猪油，

萍乡炒粉

待油烧开后，把鸡蛋敲开至锅中煎圆饼（荷包蛋），煎熟后铲起（油流在锅中），将瘦肉丝爆炒后，再把绿豆芽、小白菜放入其中一起炒软，米粉入锅翻炒四五次后加入酱油，再翻炒至米粉着色均匀，最后放入盐、味精、鸡精、干椒、荷包蛋、葱，再一起翻炒四五次，起锅入碟。其主要特点是色、香、味齐全，口感极好，令人食欲大振，还含有淀粉、脂肪、蛋白、维生素等营养物质丰富。

五 特色餐馆

1. “萍水相逢”美食广场 >>>

萍水相逢美食广场创办于2003年，位于江西省萍乡市秋收起义广场北侧，是一家节约型餐饮企业。以经营地方菜品、价格低廉、环境优雅、服务良好赢得食客好评，发展很快，在北京、南昌、宜春以及萍乡本地开了多家连锁店。

萍水相逢总店大门

总店大厅

总店包厢

2. 毛家湾文化村 >>>

毛家湾文化村是由萍乡市毛家湾食品有限责任公司于2010年3月份投资3000多万元兴建的休闲农业产业经营项目，于

2011 年 8 月份正式竣工开业。毛家湾文化村已荣获“全国休闲农业与乡村旅游示范点”“国家 AAA 级旅游景点”等荣誉。

毛家湾文化村占地60余亩，地处萍乡市高新工业园北区的上栗县彭高镇辖区的“沪昆高速”萍乡市入口处，距市区4千米，地理位置优越。村中绿树成荫，侗族风格建筑群体，鼓楼、城墙、故园、水塘荷花交融相叠，层次分明，与丰富的自然景观浑然天成。客人们在享受美食的同时，还能受到文化的熏陶。

> ★ **地址**：萍乡高新工业园北区的上栗县彭高镇
> **交通**：萍乡上栗客运专线沪昆高速入口处下车
> **电话**：0799–6231688

毛家湾文化村

3. 旺阁大酒店 >>>

旺阁大酒店坐落在玉女峰下袁水河畔的千年古镇芦溪，创办于 2004 年 6 月，位于凌云路繁华商业中心。大酒店主楼高 7 层，营业面积有 3 层，约为 1888 平方米。该酒店拥有宽敞明净、可接纳 800 多人就餐的客厅，有 16 间环境幽雅、装修别致、悬挂着名人诗歌、书画的贵宾包厢。旺阁大酒店着力打造绿色、土色、古色菜肴，大力推出传统名菜之经典，同时以科学、创新的理念，

芦溪旺阁大酒店

把芦溪远古文明与现代化餐饮相结合，以古代养生之道与现代营养搭配为依存，全力打造旺阁餐饮品牌，服务大众。

4. 萍乡味道 >>>

萍乡味道位于萍乡安源区观丰路，是一家以经营萍乡家常地方菜的特色餐饮店。

5. 萍乡柴火灶 >>>

萍乡柴火灶位于山下路，靠近步行街。中式桌椅、雕花、大厅悬挂的腊鸡腊鸭、随处可见的农产品装饰物、大红灯笼、栅栏等细节都营造了淳朴的乡土特色。柴火灶意在为都市上班族营造一个放松、舒适的场所，在设计上突出放松休闲和私密空间。一楼是可供四五人小酌的小桌，二楼是两到四人的小包

萍乡柴火灶

柴米灶大厅

厢和接待贵宾的豪华包房。食客在餐店中倾听着曼妙的音乐，品尝着美味的农家菜肴，有种返璞归真的感觉。

CHAPTER 6

娱在萍乡

——乐不思乡

一 传统戏剧

1. 萍乡采茶戏 >>>

萍乡采茶戏剧照

萍乡采茶戏历史悠久，源远流长，它是流传于江西与湖南交界地区的戏曲剧种，它是从三角班——古装戏——近代戏逐步发展成熟的。

新中国成立前夕，萍乡采茶戏以演传统剧目为主，如《小姑贤》《雪梅吊孝》《刘海砍樵》等剧目，主要由民间艺人受个人喜庆或集体邀请而演出，民间艺人赚取一点生活费。采茶戏在原有三角班的基础上，逐步形成了有舞台、有乐队、有简单道具的表演阵容。很快受到群众的欢迎。1951年，在党的

萍乡采茶戏剧照

“戏改”方针和政策的指引下，于7月组建了萍乡戏改队，相继排演了近代剧《送朗参军》《红花轿》等九出近代戏，在原来采茶戏曲调的基础上，借鉴湖南花鼓戏的嫂子调、十字调等运用在近代戏中，通过剧中人物的现场演绎，达到了鼓舞人心、积极向上的艺术效果。1952年正式成立了萍乡地方剧团，后改为萍乡采茶剧团，先后排演了《寨上红》《杜鹃山》《安源大罢工》等大批近代剧目，深受广大观众的喜爱。这批剧目反映的是近代所发生的故事，加上演员精心投入的表演，在优美动听的音乐衬托下，把剧中的英雄人物活灵活现地呈现给观众。萍乡采茶戏为及时跟上市场变化而调整创作思路，在20世纪末和21世纪初，排演推出了《榨油坊风情》《燃烧的玫瑰》等多部力作，均获得了观众的好评，并曾获得江西玉茗花戏剧节演出一等奖，《榨油坊风情》还获得了中宣部“五个一工程奖”、文汇部“文华奖”。

采茶戏

2. 萍乡皮影戏 >>>

皮影戏是活跃在萍乡上栗及周边地市县的传统民间艺术，以上栗上栗镇、上栗金山镇、上栗赤山镇和上栗比邻的湘东区东桥镇等地的最为有名。

皮影戏由皮影戏艺人操作纸制或者皮制的影人，通过灯光

萍乡皮影戏

将影像透映于幕帘上，并配以音乐和唱念来表演剧情。它只需要简单的空间，就可表演。皮影戏的道具主要是影窗，俗称“亮子”，一般高1米、宽2米，以便单人操作。影窗以竹竿作架，以白纸或白布作幕，挂油灯或电灯一盏，用以映射影人。演出时，前台一人或两人操作皮影进行表演，并承担角色的唱念，后台三至五人伴奏并承担角色的唱念。萍乡皮影戏唱腔主要是汉剧调，粗犷高亢，独具风格。

上栗皮影戏的内容相当丰富，传统剧目以文武兼备的神话剧为主。常见的传统剧目有《白蛇传》《三国演义》《封神榜》《杨家将》等等。这些传统剧目不但能表现人物，而且能以皮影戏独有的特技表演呼风唤雨、腾云驾雾、神逸变幻。上演时锣鼓齐鸣，影人枪来剑往，上下翻腾，非常热闹。有时车船马轿，奇妖怪兽，飞天入地，隐身变形，喷烟吐火，劈山倒海都能表现出来。特别是神话剧更具有非凡的魅力。制作皮影的材料为牛皮或驴皮、羊皮，制作时先刮加工成半透明状后，进行刻制，其雕绘工艺讲究刀工精致，造型逼真。影人分头、身两部分，头身分离，根据剧中人物需要而临时组合。头部有盔帽，也是临时组合。身部、四肢皆着服饰，涂上油后用火砖烘烤压平即成。皮影画是精美的艺术品。

二 民间曲艺

1. 萍乡春锣 >>>

萍乡春锣是流传在萍乡一带的由“报春”演变来的一种民间曲艺形式，每逢春节之后，报春人身背锣鼓，挨家挨户去告诉人们当年的家事季节，提醒人们注意及时播种、耕田。随着时代的发展、历史的普及，春锣演唱的内容开始改变，逐步转变为向人们恭贺新年、传吉报喜，并慢慢发展成说人物、扬善贬恶的一种艺术形式。

春锣用萍乡方言演唱，它的基本唱法是七字句，有时为了增加节奏的变化，它也采取戏曲中的垛板滚唱，这些音调与萍

春锣表演

乡方言紧密结合，有浓厚的地方特色。演唱者身披一黄色绸或布袋，将一面直径约为200厘米的小鼓系在左腹部，鼓边挂一同样大小的铜锣，左手持鼓签，右手持锣槌，敲打出“咚咚咚呛、咚咚咚呛、咚呛咚呛、咚咚咚呛”的节奏，作为曲首的过门和段落之间的间奏音乐。传统春锣演唱的最大特征是“见赞”；三皇五帝、文武百官、九流三教、平民百姓、男女老少，见人赞人，见物赞物，见事赞事。一个才艺高超的老艺人，往往记下了数以百计的小段子，对人对物对事都能应对如流。

春锣在萍乡有近200年的历史。新中国成立后，萍乡一批民间说唱艺术的活跃分子将萍乡春锣进行艺术加工，在唱腔上做了较大的修改，并且配器配乐，克服了原先乐器单一，一个人独自“作战”的局面，使一些大型的乐器也为这门独特的说唱艺术服务。

2. 萍乡莲花落 >>>

萍乡莲花落，又称打莲花，是一种流传甚广的民间说唱音乐。目前活跃在舞台上的萍乡莲花落表演，是由萍乡市业余音乐爱好者、曲艺工作者挖掘、整理、加工而成的。1978年萍乡莲花落《程昌仁月夜除内奸》首次登上省城舞台，在民间艺术调演大会上获得较高的评价。1981年6月，《少奇同志一身是

萍乡莲花落表演

胆》参加了在北京举行的全国部分省、市农民业余艺术调演。1982年1月《少奇同志拜新年》赴省演出，同年8月底《老侨胞认女记》在省委对台办举行的对台宣传文艺、图片评稿会上被公认为是一台优秀节目。萍乡莲花落之所以得到如此盛誉，除了文字创作、演唱艺术、表演形式等诸多因素外，其浓郁的地方特色和新奇别致的音乐，不得不说是重要的成功因素之一。经萍乡市文化部门的申请，萍乡莲花落已经被批准为省级非物质文化遗产项目了。

三 民俗灯彩

1. 萍乡傩舞 >>>

“正月闹新春，家家耍傩神，更要有味道，就要耍全套。”在萍乡湘东、上栗、芦溪等地，每年正月初一出行以后，初二便在各家各户耍傩神。一般只有欧阳、白马两将军的面具率领四大天将，敲锣打鼓舞剑弄斧地玩一场，每家只用香烛鞭炮迎接，只要一至两天的时间便可耍完全村各户，随后便由邻村（南坑、团丰、大岭、双凤、横江、上丰、芦溪）及各企业单位邀请去耍，也有的人家晚上要全套的。

耍傩时间为每年正月初一至十五，如本村还有需要的，可以延长到正月下旬，但不会延长到二月，以免误了农事。耍傩时所用乐器比较简单，主要是小锣、小鼓、二胡。这与“大老爷”“出行”时所用的民乐有别。耍全套有 10 个节目，一耍就要两个多钟头，焚香点烛，爆竹声不断，礼炮烟花震耳欲聋。

车湘傩的舞蹈动作简单古朴，清一色古装打扮，耍傩时分东、南、西、北、东南、东北、西南、西北8个方位进行。每一

萍乡傩舞表演

个动作都有严格的要求，且含有一定的意义，必须符合“天圆地方”的规则。同时，口里不停地喊出句句“傩语”，以表示打鬼驱邪的激烈程度。由这些特点，形成了南坑傩舞庄重、粗犷、潇洒，又蕴涵悠闲的独特舞蹈风格。南坑傩还有一个特点，就是唱时不舞、舞时不唱。

车湘傩舞现在共有10个节目，按出场次序分别是：将军搁剑、赞土地、船古佬送将、太子习双刀、和尚戏道士、兄弟对舞、和尚抢土地婆婆、雷公电母镇邪恶、关公舞大刀、判官抓小鬼。

近10年来，车湘傩舞受到越来越多人的关注，交流、表演、比赛等等接踵而来，表演队还远赴非洲毛里求斯等地演出。

2. 牛带茶灯 >>>

萍乡灯彩活动历史悠久，群众基础广泛。灯彩艺术至今已延续数百年历史。萍乡灯彩是流传于萍乡民间的一种艺术形式，它是运用彩纸糊制成各式各样的灯，由艺人舞弄，分为茶灯、狮灯、牛灯、龙灯等。

芦溪上埠镇茶园村的牛灯系芦溪县灯彩艺术中的一种，又称“牛带茶”。源于清朝，距今已有200多年历史，盛行于20世纪50年代，1958年“大跃进”时停演。主要用于过年祈福、庆贺等。每年春节，左右村邻相邀演出，自是应接不暇，平均演出30余场，在萍乡影响甚大，并于1955年获得萍乡市文艺会演一等奖。当时流行“茶园人演戏”一说，足见其影响之大。

牛带茶灯表演

“牛带茶”的表演形式是：用方言说唱，集说、唱、舞、灯为一体，并配以民乐伴奏，表演整台节目需近40人。“牛带茶”表演内容多是从花鼓戏等其他剧目反映的历史故事、传说中摘撷，融入当地民俗创作而成，总称“渔樵耕读”。“渔”为太公钓鱼；“樵”为武吉砍柴；“耕”就是“牛灯”，有起春、犁田等；“读”为四郎读书。分为打春锣、赞土地、送阳光、打太卦、讲白话、张三打鸟、李四郎读书、武吉卖柴、太公钓鱼、犁田、采茶，共十一个章节。其特点为诙谐幽默、雅俗共赏，既有传统故事的表现，又有村里百姓耕作田园之乐，为广大群众所喜闻乐见。

3. 古城缩龙 >>>

古城缩龙是芦溪最负盛名的龙灯中的一种，为省级非物质文化遗产保护项目。相传明朝权相严嵩的后人返乡，将京城皇宫中的缩龙灯彩制作图案带回分宜，其族人移居古城，将缩龙灯彩制作技术和舞龙艺术技巧传到古城。

缩龙，汉族民间灯彩，现流传于江西萍乡芦溪。其制作材料主要是竹篾、苎麻、红布、白布、铁丝、有色金纸、黄纸、颜料和棉花等。龙头独角、以蛇（身）为主，融鳄（嘴）、鱼（尾）、犀牛（头、角）等多种瑞兽特点为一体，且在身体内

缩龙表演

能放置点燃的蜡烛的综合艺术形象。龙身由700个蔑圈用3根绳索串成一体，全长几十米，能伸能缩，俗称缩龙。

芦溪缩龙的制作非常精密，龙长39米，分为11节，龙头重50千克，张开血盆大口，口含龙珠。喉头粘着一道符，额头有王字。头顶有一独角（故又称独角龙）。龙身可伸可缩，玩龙需150余人同步进行，同时要配7组乐队，加之鱼仔灯、引灯、散灯等全部出动共300多人，耍法有金龙闹海、太极图、小极图、头尾绕柱、盘龙、穿龙等。每三年出灯一次，自正月十一始至十六日，出灯时气势磅礴，十分壮观。

4. 年丰舞狮 >>>

芦溪镇年丰村舞狮，一般是8个人，4个舞狮、1个耍绣球、3个伴奏。竹篾狮头，狮身披金黄、橙、红色毛，红结雄狮、绿结雌狮成对出现。年丰狮属北狮一派，又融文狮和武狮为一体，不仅有擦痒、舔毛、抖毛等小动作，还有跳跃、翻滚、腾转等高难动作，其中高台阵势最为惊险。用桌、凳搭成高台，雄狮与舞狮球者逐级跳跃而上，在高台上团滚、腾转、站立，而后高空纵跃而下。观之令人荡气回肠、喝彩不断、精神振奋。

年丰舞狮表演

四 乡村盛会

1. 武功山帐篷节 >>>

武功山风景名胜区为进一步提升武功山的知名度和影响力，为广大户外运动爱好者打造一个集体验性、挑战性、互动性、趣味性和娱乐性“五位一体”交流平台。从2008年开始，每年金秋九月，在这里举办武功山帐篷节。武功山帐篷节是一个以露营为媒介，融旅游休闲、文化娱乐、户外赛事于一体的大型户外节庆活动。一方面促进驴友群体之间的交流，一方面促进当地经济文化的发展。武功山帐篷节活动包括露营、山地车赛、高山拔河比赛、户外电影、营地嘉年华等丰富的线下活

武功山帐篷节盛况

动，线上活动有美文大赛、摄影大赛等，由户外网平台进行支持。在为期两天的武功山帐篷节中，云中草原武功山云集了国内外数万驴友。在金顶、吊马桩、观音宕等景点，数万帐篷汇集成一片绚丽的云霞。一到晚上，星光和灯光交相辉映，歌声和笑语在山谷回荡，连成一片欢乐的海洋。武功山帐篷节已成功举办了六届，人数规模由最初的3000多人上升到2013年的数万人。一年一度的武功山帐篷节已成为了驴友们亲近自然、相互交流的一个重大节日。

2. 莲花县荷花节 >>>

萍乡莲花县充分发挥好本地特有的文化、旅游、生态等资源优势，在2012年的7月份，在当前所种植的1.5万亩荷花盛开的时候，隆重举办2012年中国红色旅游博览会——“首届中国莲花·莲文化旅游节”。莲文化旅游节以“映日莲花别样

红”为活动主题，以“莲香中国，花开盛世”为活动口号，旨在以节会为平台，开发莲花县文化旅游资源，扩大莲花对外影响力，推动县域经济社会发展，造福百姓。首届“中国莲花·莲文化旅游节”系列活动包括“莲花君子”网络评选大赛、“莲花宝典”2012年度莲花语录征集活动、“东西南北中拍莲花”摄影大赛、“福地莲花”摄影大赛、莲花诗词书法大赛、乡村美食节、莲产业发展报告会等7项活动。此次活动吸引了省内外众多莲花、诗词、摄影爱好者前来观光。本届文化旅游节活动的主平台在荷花博览园，该园以国家4A级景区标准精心打造建设，目标是建成全国最佳赏莲基地。此后，莲花县将连年举办荷花节，不断完善和提升，把“中国莲花·莲文化旅游文化节”打造成在全国有影响的重要节会品牌，同时也将莲花县打造成名副其实的“莲花之乡”。

萍乡莲花荷花节盛况

3. 麻山葡萄节 >>>

麻山葡萄节盛况

每年9月，湘东麻山幸福村都会举办盛大的“品七彩葡萄，游幸福麻山”的麻山葡萄节，为期3天。节庆期间，市民可以自助采摘葡萄，还可以品葡萄果、喝葡萄酒、观葡萄主题公园。

葡萄节在七彩葡萄主题公园举办，以宣传推广幸福村葡萄为主旨，介绍幸福村葡萄的生长环境、产品品质，并介绍麻山幸福村新农村建设成果，充分展示麻山幸福村丰富多彩且独具特色的自然、人文资源。除自助采摘外，七彩葡萄主题公园还会举办一场文艺演出，每位观众都有机会参加夹葡萄、吃葡萄、猜谜等活动。葡萄节期间，七彩葡萄主题公园将走进麻山镇敬老院，为老人们送去美味的葡萄。七彩葡萄主题公园位于麻山镇麻山村，市民可乘“萍乡至麻山桃源村”公交车抵达。有车一族可从城南沿着萍麻公路到麻山镇幸福村，驾程约需20分钟。

4. 东桥油菜花节 >>>

每年阳春三月，是油菜花开得烂漫的时节，万亩油菜花在艳阳中含蕊吐芳，吸引着各方游客。东桥油菜花节如期开幕，至今已经成功举办五届。节会期间，“游花海、唱花海、摄花海、

东桥油菜花节盛况

赞花海、推花海”五个主题系列活动高潮迭起。在这里，可以畅游花海世界，体验田园乐趣。组织“绿色骑行·相约东桥”田园游活动和“幸福一家”亲子游活动，让游客体验田园的乐趣。游人在欣赏节目的同时，可以逛庙会、猜灯谜、品特色小吃；参加摄影比赛，参选优秀摄影作品；参加油菜花节专题谷雨诗会，以“阳光花海·魅力东桥”为主题，创作诗歌并现场朗诵。目前，油菜花节已举办百姓大舞台活动、组织专业文化艺术团下乡专题演出约 10 场。以花海搭桥，借助生态、农业、商贸资源优势，举行招商引资推介会，促进项目合作。

东桥油菜花

五 互动歌厅

1. 希腊神话音乐广场 >>>

希腊神话音乐广场

希腊神话音乐广场位于萍乡市商业繁华的公园路的金碧辉煌广场内，是由海安置业投资有限公司投资2000万打造的以希腊神话为主题文化的大型综合娱乐王国，总体经营面积达5000平方米。音乐广场整体设计由香港著名设计师Mr.吴倾心演绎。108间至尊豪华KTV包厢和600平方米的时尚音乐慢摇吧的设计透射出经典时尚与雍容华贵的风采。

★ **地址**：萍乡市公园中路146，金碧辉煌心连心超市侧边
开放时间：中午12：00—凌晨2：00
交通：市内公交2路、4路、7路、16、20路可达
电话：0799-7081888、7081999

2. 鑫海岸华纳KTV >>>

华纳KTV位于萍乡公园中路168号，拥有大小包房30余间和一流的音响设施，是极佳的欢唱空间。目前该KTV已经多次成功策划和举办萍乡红歌会、直通“中国好声音”等歌唱比赛，引领着萍乡演艺界的时尚潮流。

3. 萍乡名鼎国际娱乐会所 >>>

萍乡名鼎KTV国际会所位于江西省萍乡市繁华的安源区井冈山路世纪广场旁，是一家五星级标准的时尚商务娱乐会所，公司内备有VOD视频点播。超大智能停车场是您座驾的安全港湾，会所的包厢以及人性化的服务管理，使入会所的贵客有着舒适轻松的感觉。会所目前是萍城顶级豪华娱乐会所，是商务接待、宴请的理想场所。会所共有5层，内设不同规格、风格各异的KTV包厢。一楼为欢唱空间，包厢独有的演唱台等设施齐全，服务细微。

六 休闲养生

1. 天姿美业 >>>

天姿美容事业发展有限公司创立于 1994 年 5 月，是一家集专业美容、美发、足浴、养生保健、纤体塑形、抗衰、职业教育等经营项目于一体的综合型企业。公司旗下拥有天姿·京御堂养生会所、天姿·金荟所、天姿 SPA 美容会所、天姿凤凰养生馆、天姿职业培训学校、天姿海南京御堂养生会所等多家分支企业。被广大消费者誉为萍乡“红色休闲之都”。2013 年天姿启动了“肌肤年轻化、身形标准

萍乡天姿京御堂养生会所

化、身体健康化”的管理系统，为每一位会员量身定制属于自己的美丽计划。

★ **地址：** 天姿京御堂位于萍乡北桥江湾路口昭萍东路17号
开放时间： 上午11：00—晚上12：00
交通： 市内公交2路、4路、6路、7路、8路、9路、16路可达
电话： 6668091

2. 萍乡简道男士养生会所 >>>

萍乡养生会所“简道（香港）男士美容养生连锁集团”是一家集SPA美容、SPA养生、香薰SPA、五行养生、中医养生、亚健康调理、商务休闲为一体的综合性高档会所，通过环境、天然素材及养生护理，彻底呵护顾客的肌肤与身材。在这里，顾客可以享受身心一体的休闲娱乐。

3. 萍乡足辕养生会所 >>>

足辕养生会所位于公园南路297号，鹅湖公园正门右侧。该会所以中华五千年传统足道文化为背景，致力于足道艺术、养生文化的研究与推广，专为成功精英人士提供最专业、最优质的尊享保健服务，主要服务项目有足浴、药浴、按摩、肾保、香熏等。

七 动感影院

1. 万豪国际影城 >>>

万豪国际影城，是萍乡首家五星级影城，位于繁华的文化路步行街中段，与南昌百货、沃尔玛等大型商场遥相呼应。影城按世界顶级标准打造，建筑面积为4000多平方米，可同时容

纳1000余人观看，拥有13个影厅，其中含7个3D影厅、8个豪华VIP厅、1个商务休闲专区。二楼屋顶为能容纳近百辆汽车的大型专用停车场，两部豪华观光电梯直达三楼影城大厅。影城拥有世界顶级的巴可32B数字放映机，可以满足高清晰的数字电影放映；采用获美国THX认证国际上最先进的数码立体声7.1声道音响设备，超大的高质量银幕、高品质的清晰画面，给观众带来非凡的视觉享受。影城巧妙引进了观影DIY概念，所有座椅均采用“情侣座”设计，适合情侣的随意调节扶手，超大超宽带头枕人体工程座席椅，1米2的排距，让您倍感舒适。VIP厅风格高雅，内设高档的候客休息室，配置了豪华的真皮沙发，让观众的电影之旅成为实实在在的超值享受。

万豪国际影城

地址：文化路步行街中段
交通：市公交1路矿务局下，2路北桥下可达
门票：70—100元不等，团体、贵宾优惠
电话：0799—6327076

2. 萍乡国际数字电影城 >>>

萍乡国际数字电影城位于八一西路，是萍乡唯一的一家五星级数字影院。2009年9月，影城投入100多万元资金，对原萍乡电影院进行改造，使影院成为拥有两个电影标准厅、两个数字厅和四个VIP包厢的现代化数字影城，同一时段可同时容纳800人观看电影，每天观众流量高达5000人次。

CHAPTER 7

购在萍乡

——满目琳琅

一 喜庆用品

上栗烟花 >>>

上栗烟花全国知名，曾被北京奥运会选用，并由上栗烟花艺术师负责燃放。上栗是花炮祖师李畋的诞辰地，花炮产业历史悠久。每年4月份，上栗都如期举行花炮节，以纪念花炮祖师——李畋。这一活动不仅仅是一种纪念风俗，更成为上栗的一种文化。其内容包括开幕式、文艺晚会、烟花燃放比赛、颁奖晚会、烟花爆竹产业交易会、祭祖及民俗表演活动等。每年这个时候，全体花炮企业都积极参与，营造全民办节的氛围。上栗花炮以清脆的音响、灿烂的色彩、美丽的图案，为人们带来吉祥、欢乐，值得游客前来领略她的神圣、奇特、壮观。

上栗烟花节盛况

二 艺术品

1. 毛主席去安源铜像 >>>

目前，旅游产品主要有《毛主席去安源》铜像、白玉《毛主席去安源》圆盘摆件、富贵红沙金《中国傩文化之乡——江西·萍乡》傩面具笔筒、《毛主席去安源》水晶挂件等十几种。

《毛主席去安源》铜像：材质为含铜量96.5%的优质紫铜，表面效果为古铜色（中铜），采用失蜡法精密整体铸造工艺制作；像高56.8厘米，其寓意是中国56个民族平安和谐、兴旺发达。铜像基座正面是刘春华先生“毛主席去安源”的题名和“青春之路、成功之路、伟人之路”的醒目字体，背面刻有毛泽东来安源开展革命活动、雕塑铜像制作等背景文字介绍，基座左右两边分别是安源煤矿总平巷和张家湾秋收起义军事会议会址浮雕。

该铜像是经《毛主席去安源》著名油画作者、北京画院原院长、国家一级美术师、著名画家刘春华先生授权并亲笔题字，邀请我国第三代雕塑家的杰出代表、中国美协雕塑艺委会副主任、广州美院原院长、国家一级美术师、雕塑大师梁明诚先生和我国首批获得城市雕塑创作设计资格证书的雕塑家之一、国家一级美术师、著名雕塑家朱照林先生携手，以《毛主席去安源》油画为基础，打造的一尊《毛主席去安源》的精品雕塑，面向全球限量发行（珍藏版）318尊，雕塑证书由以上三位名家亲笔签名，具有极大的收藏价值。铜像由萍乡市安源旅游文化传播有限公司策划、制作和发行。

电话：0799-7136133，18679983583

2. 芦溪农民画

芦溪农民画

农民画，也泛指现代民间绘画，作者群体以农民为主，所创作的作品主要反映农村的生产、生活和民俗风情，它与学院式的美术作品有很大的区别，有着农民淳朴、直率、豪放、粗犷的个性。它的特点一是色彩艳丽，大红大绿；二是构图风趣，造型稚拙；三是农村生活气息浓郁，作者把当地人民的生产、生活方式绘入画中，有着独特而深远的意义。它包括堆漆画、漆画、布贴画、烙画、麻袋画等十几个品种，它以农耕、缩龙等民俗风情描绘为特色。

芦溪农民画

3. 玻璃指掌画 >>>

玻璃指掌画是在指掌画基础上的一种创新工艺美术作品。指画、指掌画，自高其佩开始，距今已有300多年历史。近代著名画家潘天寿等也有指画问世，但始终未能成为一个独立的画种。肖增烈的指掌画颇有造诣，他是在铜板纸上作画，萍矿工人肖增敏把指掌画移至玻璃上，是中国指掌画的一种创新。我县著名画家甘勋优在向肖增敏学习玻璃指掌画的同时，结合中国山水画的构图、造型，创作了一批以武功山风光为题材的玻璃指掌画。玻璃光滑透明，水墨、颜色在玻璃上容易游动，难以掌控。在玻璃上作画时，首先是要把玻璃反过来，既要把握好水墨、颜色的干湿度，又要利用手指、掌纹的机理，同时要提按、抖动以画出山、石、水、云、雾、气的自然机理。作品完成后，标题、落款、印章都要反着写，上完底色装框后再反过来，一幅玻璃指掌画才算完成。特点是：山、石、水、云、雾的自然机理逼真，纹理清晰，晶莹剔透，防潮、防虫、防腐、防霉、防尘，常挂常新，永不褪色，是一种深受大众欢迎的纪念品、装饰品、礼品、收藏品。

4. 傩面具 >>>

傩面具是傩文化的重要组成部分，它用于傩仪、傩舞、傩戏。傩面具是傩文化中傩祭、傩仪中使用的道具，是较为原始的面具造型，是原始的图腾再现，是去灾纳详的吉祥象征。许多傩面具堪称艺术精品，面具特征或写实，或抽象，粗犷狰狞。它不仅驱鬼、避邪，而且祈福佑吉、除病灭灾、镇宅、求子、兴旺，给商业带来无限生机。傩面具种类众多，主要有正神（如傩公傩婆）、凶神（如钟馗）、世俗人物（如关公）三类。造型各异，均为杨柳木和香樟木所雕，然后敷彩上漆，表

现出粗犷朴拙、庄典华丽。萍乡傩面具的雕刻，蕴含着艺人们的聪明才智和精巧技艺，其中传承了历代艺人对傩的崇信和理解，将先民们对神灵的偶像崇拜、对鬼魅疫疠的痛恨，通过面具的制作而表现得淋漓尽致，使人们至今仍能感受到远古先民请神驱鬼的巨大震慑力。

三 农副产品

1. 武功紫红米 >>>

“武功紫红米”是芦溪县农业局全国劳模、高级农艺师钱怀璞同志经过 8 年努力研制的功能性保健性大米，是把有色稻米功能性“药食同源”融为一体的保健食品、绿色食品。选用武功山麓“一村食品”粮食生产基地生产的优质紫红稻为原料，采用先进的工艺流程精细加工。紫红米米粒呈紫红色透明状，富含一般水稻中缺乏的维生素 C、黄酮类化合物、花青素、生物碱、强心苷、天然色素、木酚素，以及钙、铁、磷、硒等微量元素，具有滋阴补肾、健脾胃、明目活血、接骨生肌、防血管破裂、止血、乌发之功效，所含黄酮类生化合物能降低血压，抑制癌细胞从而起到一定的抗癌作用，是一种罕见的保健绿色食品，更是馈赠亲友之佳品。

武功紫红米

2. 武功山有机绿茶 >>>

由于良好的地理气候条件，武功山地区出产传统高品质有机绿茶。万龙松针由萍乡市万龙山茶场生产，该茶场位于芦溪县万龙山乡，于1989年独立建制，2008年评为江西省农业产业化龙头企业、江西绿茶联合会常务理事单位、江西省茶叶协会理事单位。茶场资产近千万元，其中高山有机茶园基地有1200余亩。实现自产茶叶2.4万余千克，其中含名优茶3000余千克、等级茶2.1万余千克。自有品牌“万龙松针”“武功绿英”荣获“江西省优质名茶”称号，“万龙松针”茶同年荣获“历史创新名茶”称号，编入《中国名优茶选集》。

武功绿茶

武功一叶系江西省江莲实业发展有限公司旗下产品。截至2012年，共发展有机茶叶基地3000亩、竹林基地5000亩、茶油林基地3000亩。东晋名士葛洪，人称“小仙翁”，常静修于武功山茂林修竹之间，以武功茶饮相伴，苦修写作，终成道家文化集大成之作《抱朴子》，推崇武功山茶色、形、香、味四绝，为“天生之良物”。武功一叶牌茶叶，出自云雾缭绕的武功山麓，传承葛洪一脉之神韵，见素抱朴，长于天然，素有“茶中仙品”之美誉。该茶除具有传统茶叶的止渴、清神、利尿、止咳、祛痰的传统功效外，更是一款绝无公害的绿色茶叶。从种植到采茶，整个工艺不添加任何防腐剂，使人畅饮之后能明目、益思、除烦去腻、驱乏轻身。

万龙山生产的发云界松针、南岭松针，也是品质上乘、十分受宠的绿茶品牌。

3. 中华杜仲茶 >>>

中华杜仲茶

杜仲是我国古代传统的药用植物，中华杜仲保健茶是上海传统医学协会根据“药食同源”理论和“古中医学”理论，采用现代高新技术和优化组合精制而成，经现代精密仪器分析，其富含多种氨基酸和各种人体必需的维生素、微量元素，以及杜仲粉和人参皂甙等对人体有益的有效成分。本产品采取我国传统医学宝库对人体具有明显保健作用的杜仲叶、首乌、枸杞、石斛、红茶等近10种天然药食两用植物精制加工而成的功能食品，清与补相结合，全面提高人的身体素质，提高人的免疫力，增强人体生命活力，是一种全新的绿色食品，对人体具有多方面保健作用，可调节内分泌系统、改善健康状态，平衡体内自由基、清除体内有害自由基，并能降脂减肥、调整人体脂肪代谢，预防心脑血管疾病和恶性肿瘤，而且对肝肾功能及肠胃功能不佳有明显疗效。本产品滋味独特，风味别致，清凉甘爽，配方考究，综合药效显著。在快节奏的工作生活之余，饮上一杯纯天然的不含任何人工色素和防腐剂的杜仲保健茶，将使您消除疲劳、强身健体。中华杜仲茶是不可多得的保健饮品。

4. 武功山甜茶 >>>

武功山甜茶野生于山陡、坡险、荆棘丛生的武功山原始森林，过去只有少数山民懂得它的价值，常冒风险进山采摘，送给尊者、朋友，很少外卖。一村公司为满足消费者需要，历经长年开发，终于研制、生产出“一村甜茶”，将产品用沸水冲泡，香气清新、野味浓郁、味醇甘爽，饮用此茶可清热解暑、解毒止渴，被现代人视为一种高贵防病凉茶。该产品质量符合国家卫生标准，是茶楼、居家待客、馈赠亲友之佳品。

5. 萍乡腊味 >>>

萍乡腊味属赣西萍乡之特产，山村所特有，以皮薄、脚细、精多、肥少、肉质鲜嫩的土猪做原料，继承农村传统工艺，通过腌、熏、焙三个环节精制而成，不含半点化学成分，素以色、香、味、形俱佳而著称。该品肉色红润，香味浓郁，是农民渊源悠久招待贵宾、庆贺佳节的上等肴品。著名的腊味品牌有一村火腿、华福火腿。

正月里到萍乡人家里做客，餐桌上均有几样色香味俱佳的腊制肉食品待客，初次品尝的外地人都赞不绝口。熏腊肉是萍乡一种特有的饮食风俗。熏制的方法是，先将肉用盐渍10天左右，若是腿肉，要用刀划几条口子，将盐渍透。尔后将肉悬挂在离火盆高1米处，用木柴、锯末、谷壳等

萍乡柴火腊肉

熏烤。熏烤时火候不可太大，宜文火慢熏，半月后见肉泛金黄色即可，再用清水洗去烟垢晾干，食用时可蒸可炒。除熏制腊猪肉外，还可熏制鸡。

6. 莲花白鹅 >>>

莲花为水源之乡，具有广阔的水域，且水草肥美，适宜水禽养殖。莲花县饲养莲花白鹅的历史悠久，品种稳定，商品价值极佳。

莲花白鹅，是莲花县特有的白鹅品种。1982年普查自然资源，发现莲花白鹅为白鹅新品种。1985年，经江西省、原吉安地区有关专家鉴定，莲花白鹅正式列为肉用型优良地方品种。

该鹅属于小型肉鹅，全身羽毛雪白发亮，体躯宽壮，呈长椭圆形。嘴喙和两足为金黄略带橘红色，脚大有蹼。皮肤为淡黄色。头大，呈短纺锤形，喙扁阔，颈长，尾短，喙后基部正上方有一半球形的金黄色肉瘤。母鹅肉瘤较小。

莲花白鹅生长快，一般饲养90天，体重可达4.5千克以上。抗逆性和适宜性强，遗传稳定，属草食性优良品种。屠宰后肉质细嫩，肉色鲜艳而带光泽，出肉率高。莲花白鹅加工成菜肴，口感香嫩，肉味鲜美，营养丰富，宜佐酒下饭，为宾客点菜时的极佳选择。

7. 长平黑山羊 >>>

长平黑山羊是本地优质山羊品种，采用天然牧草和农作物秸秆等喂养，黑山羊肌纤维细，硬度小，肉质细嫩，味道鲜美，膻味极小，营养价值高，蛋白质含量在22.6%以上，脂肪含量低于3%，胆固醇含量低，含人体必需氨基酸15种以上，尤以谷氨酸含量高，达11.03%。具有滋阴壮阳、补虚强体、提高人体免疫力、延年益寿和美容之功效，特别对年老体弱、多病患者具有明显的滋补作用，老幼皆宜。

8. 莲系列产品 >>>

莲花县莲子种植面积广泛，品质优良。曾举办全国首次莲产品交易会，莲系列产品得到深度开发，是绿色有机产品，为消费者所喜爱。莲系列产品主要有莲子、荷花粉、莲藉等，知名品牌有“莲花谣”等。

莲花县出产的莲子饱满结实、个大而圆、甘糯可口，为莲子中的佳品。莲花县水质清纯、土壤肥沃，适合莲子种植。该县以琴亭、升坊、良坊、神泉、荷塘等乡镇为核心种植区，种植以产莲子为主的湘莲、白莲近万亩。

荷花粉是蜜蜂采集荷花之精华，荷花粉在蜂花粉系列中属于名贵产品，不仅具有美容、调养等功效，还是无污染的纯天然产品，在国内外市场很受青睐。莲花县荷花博览园种植了大面积集中成片的荷花，蜂农就在荷博园安家，现采现卖。荷花粉，能清心凉血、解热毒、消湿祛风、调节内分泌，是保健滋补美容之最佳营养品。

莲花县的莲藕微甜而脆，可生食也可做菜，而且药用价值相当高。用藕制成粉，能消食止泻，开胃清热，滋补养性，是妇孺童妪、体弱多病者上好的流质食品和滋补佳珍。莲花县在种植莲子的同时，也开发了莲藕加工产业。

9. 野生小竹笋 >>>

野生的小竹笋无污染，是天然绿色保健食品，产自竹乡万龙山，经特殊工艺方法制作，色泽鲜艳，食之脆嫩爽口，有非常高的价值，是爱吃野生菜者的极佳选择，因其包装高档，也

是馈赠亲友之佳品！

10. 石耳 >>>

石耳是固着在悬崖绝壁上的苔藓植物，生长极其缓慢，采摘极为艰险。石耳吸日月之精华，承雨露之滋润，是一种极为稀少、非常难得的天然山珍之上品。《本草纲目》载：石耳味甘平、性寒、无毒，具有明目、止血、清热利湿，对视物模糊、胃热吐血、小便热痛、妇女血崩、白带、小儿口疮、烫伤具有特殊疗效。

11. 茶树菇 >>>

茶树菇产于油茶树根腐殖基部，因产量稀少，十分珍贵，俗称中华神菇。萍乡上栗、莲花等地均有生产。其特点是：菇薄柄长，美味在柄，香醇脆嫩。经国家食品质量监督检验中民测定，内含人体所需的17种氨基酸，10多种微量元素和抗癌多糖。具有补肾壮阳、益气和胃、宁神降压、防癌抗衰的功能，对肾虚，尿频、水肿、中老年防衰、小儿低热、尿床、高血压有较理想的补助疗效。该菇生产过程中不施肥、不打籽，无任何污染，是集营养、保健于一身的有机绿色食品，其味鲜美、风味独特，是难得的美味珍馐和馈赠佳品。

12. 武功茶油 >>>

武功茶油是取自野生油茶树种子（茶籽），经传统工艺压榨、现代科技提取，精制而成的高级营养保健性食用木本植 物油，纯度高达99.9%，不饱和脂肪酸含量达99%以上，高于西方的橄榄油。营养价值高、口味纯正，是烹调炒炸海鲜、鱼类、肉类、腊味等高级菜肴的最佳食用油。

四 特色食品

1. 萍乡花果 >>>

萍乡花果历史悠久，是传统手工艺食品的典型代表。既具有食用价值，又具有观赏价值。它是由柚子、橘子、辣椒、冬瓜、南瓜、萝卜、马铃薯、刀豆、藕、木瓜、地瓜、青菜梗、鹅明豆等四时果蔬的根、叶、茎、花、果实，经过十道工序（选料、洗净、切叠、挤压、雕刻、编织、水浸、烫煮、保色、定形、糖腌、烘烤）手工精制而成。

制成的花果色泽鲜美、造型独特，口感甜脆，加工后不破坏原有的营养质素，特别是一些用橙腔、薄荷、紫苏等做的花果，还具有祛寒止咳、清热解毒、健脾开胃的治疗保健功效。是名副其实的绿色保健食品，是大众休闲、馈赠亲友和招待客人的珍品。

就手工工艺而言，萍乡花果作为传统食品在全国也是典

萍乡花果

型的，人称“中国一绝”。其花型有的似剪纸，有的似镂空玉雕，但它比这一类艺术品更质朴、更粗犷，共可制作花型100余种。

萍乡花果据说已有千年的历史，真正有史料依据的传承关系，是1914年欧阳子裁和他的子女们开设于萍乡城凤凰街月光塘的“日新德”花果店。所制作花果品种繁多、工艺精湛。外来客商来此成批购货销往外省地，有些甚至远销东南亚。据市志记载，1930年“日新德”花果曾在巴拿马国际博览会上获奖。1984年萍乡市花果厂成立后生产的花果又多次参加国家、省、市评比并获得奖励。其产品远销日本、马来西亚和加拿大等地。花果曾两次作为宣传品空投到金门马祖台港岛。花果的生产工艺是难以为现代技术所替代的，它蕴涵着独特的艺术基因，是一份极其宝贵的历史遗产。它的丰富内容和基本特征及其传承历史，在我国传统工艺中实属罕见。

2. 萍乡盐果子 >>>

盐果子是萍乡土生土长的特产，是一种地方的手工制作食品。菜蔬水果，甚至树叶、野菜，只要是可吃的植物，都可以用来制作，风味独特。制作上通常是把采集来的新鲜植物洗净、过水、晒干，这样主要是便于长时间储存不变质。这种经过脱水的植物非常实用，在需要的时候随时可以取用。

萍乡人做什么都喜欢带点辣，制作这种盐果子也不例外，通常的制作佐料是糖、醋、甘草粉、辣椒粉。看似简单的几味佐料，全靠在蒸制的过程中逐一调配，这涉及技术含量，制好后非常开胃、非常好吃。萍乡盐果子主要有：豆角、南瓜、胡萝卜、白萝卜、茄子、苦瓜、黄花、菜心、刀豆、黄瓜、辣椒、川椒、紫苏、酸叶、野酸枣糕、酸枣粒、柚子皮、陈皮、甘草杨梅、杧果、珍珠香梅、黄梅、话梅等。

3. 萍乡霉豆腐 >>>

萍乡霉豆腐采用手工石磨豆浆，并用山泉水制成豆腐，切成方块，滤水三五天，待其发霉，拌上食盐、干辣椒粉、八角粉等香料，装进瓦罐浸入本地茶油。其风味独特，食后回味无穷、“妙不可言”。

萍乡霉豆腐是早餐、食大餐开胃的极好辅菜。

五 乡村佳酿

1. 莲花老酒 >>>

莲花老酒，俗名“莲花酒娘”。莲花县独特的地理环境、气候条件，独特的水质、糯稻、工艺，造就了独特的莲花老酒。

它以高山之清泉和优质糯米为原料，采用古法工艺，结合现代科技精心酿造，窖藏多年而成。此酒色如琥珀，醇厚柔和，入口爽甜，回味怡畅，内含丰富的氨基酸和维生素，可以说是一种新型的“液体蛋糕”，是招待贵客之佳酒。常饮此酒，有润肤色、舒筋活络之功能。

“莲花老酒”价廉物美，分散装、瓶装和六斤罐装3种。六斤装的陶罐外形美观，古色古香，外加包装，携带方便，为送礼佳品。该酒年生产量为15万余公斤，远销各地。曾经由光绪、宣统两朝帝师朱益藩带入宫中，成为宫廷御宴上的佳酿。由此，莲花老酒名噪四方。主要品牌有莲花老酒、琴水老酒、莲盛老酒、杜鹃红醇等。

2. 宣风谷酒

宣风谷酒主产于芦溪县之宣风、银河两镇。香、清、纯、烈为其主要特色，酒精度通常为52度至60度之间。此酒以本地稻谷为原料，采用固态培菌糖化，固态发酵冷却法工艺酿造，每百公斤稻谷可酿酒55公斤至65公斤。或以稻谷为主，配以少量高粱、大麦酿制。通常，农户于秋后请酿酒师登门酿造。其工艺是将稻谷等原料置入木制酒甑中加温，蒸熟后倒出，拌以一定比例的发酵剂，使之酿酒。发酵后，再次将其置入木甑内加温蒸煮，采用“冷却法”调制出谷酒。宣风谷酒价廉物美、健体提神、不易上头，有“小茅台”之称。

3. 红豆杉果酒

红豆杉是一种传统的珍贵药材树种，具有药用功效，且无毒副作用。用红豆杉果制酒是萍乡人特有的发明。红豆杉果酒不仅具有醇和浓郁、味甘、香气幽雅、口感舒适、天然橙色诱人的特点，同时又保留了红豆杉植物中的药用成分，具有抗癌、健胃、降血糖、降血压、消炎、清凉等强身健体功效，红豆杉果酒是一种新型的保健佳品。

红豆杉果酒

4. 中华猕猴桃酒

中华猕猴桃酒的感观性质为微黄，浅黄或微黄带绿色，澄清透明，具有猕猴桃清雅的果香及和谐的酒香，口味纯正柔顺，酸甜适度，有该酒的典型风格。中华猕猴桃酒中含有17种氨基酸，其中7种是人体所必须而自身又不能合成的。并含有多种矿物质和微量元素钾、钠、钙、铁、镁、磷、硫、氯等。维生素C含量也很高，在460—521毫克/克，还有维生素PP、B1和胡萝卜素等多种营养物质。

六 绿色瓜果

1. 麻田萍疆葡萄 >>>

萍疆葡萄

武功山萍疆葡萄园休闲山庄位于风景秀丽武功山风景名胜区境麻田。这里环境优美、生态优良、景色迷人、交通便利，是一个既可欣赏田园光、体验农家风情，又可饱览武功秀色的绝佳去处。

葡萄园建于2009年10月，共种植9个品种（维多利亚、摩尔达瓦、巨峰、巨玫瑰、夏黑、红提、玫瑰香、醉金香、红富士），现有面积共计280亩。葡萄种植技术采用适合南方气候的生态小雨棚栽培方法，套袋技术的应用减少病虫害的发生，山庄葡萄肥料都是使用油菜菇和农家肥，无农药残留，是真正的无公害葡萄。它的葡萄品种优良，口感极佳、产量稳定，按不同的成熟期分批上市，供应时间长。

2. 斋婆柚 >>>

斋婆柚原产于江西南康城北谢家，是优良的农家品种。现在萍乡传种广泛。原来斋婆柚的单个重量只有650—1000克，经过原南康园艺场技术人员和果农们多年的培育改良，现在单个重量已经提高到了650—1300克，而且还保持了原有香甜浓郁的独特风格。由于斋婆柚香气浓郁，果肉爽脆可口，具有食后回味甘甜、余香不尽等特点，并获首届农业博览会金奖。

3. 野生猕猴桃 >>>

在武功山、发云界一带，生长着多种野生猕猴桃，形状大小略有差异。目前万龙山乡黄江村江宏种养合作社进行了800亩的移植扩种实验，效果良好。野生猕猴桃是一种深受消费者喜爱的水果，其果实细嫩多汁，清香鲜美，酸甜宜人，营养极为丰富。它的维生素C量高达100—420毫克／100克，比柑橘、苹果等水果高几倍甚至几十倍，同时还含大量的糖、蛋白质、氨基酸等多种有机物和人体必需的多种矿物质。猕猴桃还含有良好的可溶性膳食纤维，猕猴桃果食肉肥汁多，清香鲜美，甜酸宜人，耐贮藏。

野生猕猴桃

七 天然饮品

1. 天天上矿泉水 >>>

天天上矿泉水取自武功山下新泉乡陈家坊，这里生态优良，资源丰富，具有独特的风韵和淳朴的民情。公司投资近千万，组建了萍乡市投资规模第一的股份制矿泉水厂，在新泉乡占地100亩，建立了瓶装、桶装两块花园式绿色生产基地。天天上矿泉水经过8000万年地质孕育，蕴含丰富的人体所必需的微量元素，是罕见的优质天然矿泉水，深受广大消费者喜爱。

2. 月池矿泉水 >>>

月池矿泉水

月池矿泉水取自生态环境优良的武功山麓新泉乡，属偏硅酸钠钙型矿泉水，水中含有丰富的偏硅酸重碳酸盐、钾、钙、钠、镁、锂、碘、硒、锌、铜、硅等丰富的宏量和微量元素，有利于人体健康。其矿泉水中的钾、钠、钙、镁是维持人体正常生理功能所必需的。重碳酸盐对促进胃肠道疾患的康复有良好的效果。硫酸盐一氯化物能促进胃肠蠕动，还能治疗便秘。偏硅酸有助于骨的钙化，促进生长发育。硅对主动脉硬化具有软化作用，降低人类关节炎、冠心病发病率。锂对中枢神经系统活动有调节作用，能安定情绪，改善造血功能，提高人体免疫机能。

附　录

附表1：

萍乡市特色餐饮企业一览表

单 位	地 址	订座电话（0799）
萍乡迎宾馆	开发区玉湖路1号	6778098
萍水相逢美食广场	建设东路1号	6335999
罗马大酒店	建设东路416号	6789298
鑫海岸商务酒店	公园南路168号	6892001
安源宾馆	跃进中路94号	6848888
新世纪大酒店	跃进中路169号	6811119
同聚大酒店	滨河东路96号	6893888
东风大酒店	八一东路88号	13807998651
俏江南大酒店	公园中路	6883333
毛家湾餐饮公司	跃进北路372号	6225588
芦溪旺阁大酒店	芦溪凌云路	7556998
莲花大酒店	莲花县永安北路222号	7212909
海天阁大酒店	昭萍东路85号	6833899
绿洲园大酒店	湘东砚田桥头、芦溪武功山大道	13707994705
天鹅大酒店	昭萍东路1号	6333097
毛家湾新概念店	公园路285号	6888918
新世纪渔港	登岸西路1号	6786266
喜盈门酒店	公园南路富丽佳缘A栋	6328666
白竺豆腐馆	公园中路231号	13307992088
大碗菜饭馆	滨河西路	13807999801
小扣碗土菜馆	公园南路兴旺巷5号	6875869

续表

单 位	地 址	订座电话（0799）
小菜一碟家常菜馆	公园南路御锦园入口处	6812898
源土磨子豆腐馆	秋收广场花园9栋	6798492
芦溪白鹤峰大酒店	芦溪凌云路	7558669
南门田螺	金陵西路32号	13807997311
相聚人家	滨河西路凤凰派出所右侧	6886788
酸辣缸	文昌路156-1号	6666336
民间名吃	南昌百货一楼	7091099
北京汉丽轩烤肉超市	跃进中路21号文化路步行街A210号	6660686
百家早点坊	登岸东路昌华东街1号	6760458
洋洋活鱼馆	沿河西路	6668889
乡情农家院	何家菜园	6812200
武功缘饭店	万龙山乡茅店村	15979251922

附表2：

萍乡市星级酒店一览表

名称	星级	地址	电话（0799）
七星国际商务酒店	四星	市建设路78号	6626666
萍乡迎宾馆	四星	经济开发区玉湖路1号	6778666
武功山西海温泉度假酒店	五星	武功山景区万龙山乡东坑村	7661333
蓝波湾花园酒店	四星	市安源东大道16号	6654227
萍钢宾馆	四星	市湘东区峡山口街	3293288
天利园国际大酒店	四星	安源区萍安中大道168号	6661888
天鹅大酒店	三星	跃进路与昭萍路交会处	6229999
豪门国际大酒店	三星	市中心绿茵广场旁	6399888
安源宾馆	三星	市跃进南路	6882518
鑫·海岸商务酒店	三星	公园南路168号	7230001
赣星世纪大酒店	三星	莲花县金城大道一号	7230001
君悦豪门大酒店	三星	市跃进南路218号	4007-16-4007
芦溪西地亚商务酒店	三星	芦溪县武功山大道交通局大厦	7566666
万龙湾宾馆	二星	公园中路252号	6788068
昭萍宾馆	二星	八一西路32号	6800899
萍乡非常6+1连锁旅馆		文化路步行街K区	6222111

附表3：

萍乡市文化娱乐场所一览表

会所名称	所在地址
麦克老狼娱乐俱乐部	文化路步行街7栋5楼
新芭新芭乐俱乐部	文化路步行街7栋4楼
月亮之上想唱就唱娱乐有限公司	文化路步行街
凯旋会娱乐会所	跃进北路116号
江西名鼎餐饮娱乐有限公司	井冈山路388号
人民剧院	跃进路167号
天姿京御堂养生会所	北桥江湾路口
凯旋会娱乐会所	总工会跃进北路
芭芭拉娱乐俱乐部	文化路步行街
萍乡市希腊神话音乐广场	开发区公园中路117号
火花酒吧	文化路步行街文化广场J-3二楼
卡蒂露音乐酒吧会所	安源宾馆内
伊芭林伊音乐酒吧	安源区人民公园二楼
鼎极酒吧	安源宾馆三楼
海豚星歌厅	昭萍东路238号雅天公园3楼
搜索酒吧	老干部活动中心
好时光KTV	广场路53号
萍乡市七星天外天KTV	开发区建设西路
鑫海岸商务酒店华纳KTV	北桥公园路168号
君悦豪门夜总会	跃进南路218号
小蚂蚁台球俱乐部	文化路步行街

附表4：

萍乡市网络会所一览表

会所名称	具体地址
赣州金泰网络连锁有限公司萍乡爱尚网络会所	文化路步行街
站前网吧（连锁）	市跃进北路18号
赣州金泰网络连锁有限公司萍乡翼飞网络会所	金典城
赣州金泰网络连锁有限公司鼎极网络会所	流万村5组
欢乐网吧	湘东区下埠工业园
上栗县尚游网城	上栗镇小南京商贸城
自投罗网网吧	富利昌大厦
龙行天下网吧	大众购物中心
圆道富吧	跃进北路67号
冰点网吧	步行街3栋
萍乡市凌鸿网络会所	开发区金陵大市场
萍乡市百成网络会所	开发区公园中路280号
江西宇翼创想实业有限公司雄霸天下网络会所	安源区公园路北桥桥头
萍乡市勇往直前网吧	流万村大学城
昌盛网吧（连锁网吧）	昌盛大厦一楼
萍乡市宇翼创想旗舰网吧（连锁）	朝阳路107号
时尚弈迁网络会所（连锁网吧）	八一街永昌寺
吧吧乐网吧	文化路步行街
天翼网吧	昭萍东路
蓝天时速网吧	人民商厦三楼
弈智网吧	绿都大厦

附表5：

萍乡市旅行社一览表

序号	单位名称	地 址	电话（0799）
1	星球国际旅行社	市昌盛宾馆大厅内	6850170
2	光大国际旅行社	市文化路假日广场B栋1007室	6666628
3	神州旅行社	跃进南路93号恒隆国际大厦2楼	6858066
4	顺达旅行社	市跃进南路203号	6876766
5	教工旅行社	市跃进中路188路	6211533
6	江南旅行社	市八一西路25号（昭萍宾馆内）	6883296
7	金日旅行社	市湘东萍钢电信大厦一楼	3492666
8	中天旅行社	市跃进中路143路	6886178
9	远洋旅行社	市安源区八一东路61号	6863721
10	青年旅行社	市跃进北路南方宾馆1栋2楼	6322301
11	安源旅行社	市跃进中路94号	6888975
12	环球旅行社	市安源区昭萍东路20号	6833566
13	武功山旅行社	市芦溪县	7585889
14	阳光旅行社	市跃进中路37号	6880878
15	康辉旅行社	市南昌百货假日广场11楼	6880899
16	假日旅行社	市迎宾路 1 号	6825222
17	体育旅行社	市金陵东路18号	7212062
18	虹桥旅行社	湘泉东路33号	7053668
19	月池旅行社	昭萍东路1号	6333226
20	平安旅行社	市昭萍东路3号	6329693
21	凤凰旅行社	市公园路211号	6825233

续表

序号	单位名称	地 址	电话（0799）
22	绿海旅行社	市公园中路189号	6765888
23	春秋旅行社	市跃进南路万豪宾馆一楼	6830050
24	通达旅行社	市莲花县金城大道42号-118号	7212111
25	海峰旅行社	市跃进南路156号市委党校内	6852218
26	诚兴旅行社	市萍水南路112号	6888256
27	顺通旅行社	安源区凌云南路71号	7555557
28	华厦旅行社	市山下路5—2号（汇蓝国际对面）	6337088
29	吉祥旅行社	市楚萍东路41路	6871188
30	蓝天旅行社	市楚萍西路76号	6786958
31	职工旅行社	市安源区	6685888
32	新华旅行社	市萍水南路	6868800
33	大地风情旅行社	市昭萍东路20号	6658999
34	南昌铁路国际旅行社萍乡分公司	市火车站服务大楼一楼（火车站出口处）	6325555
35	北京雁南飞国际旅行社萍乡分公司	市建设东路2克拉钻石公寓519室	7066667（9）
36	中国旅行社总社萍乡有限公司	市建设西路80号	6851568

图书在版编目（CIP）数据

游遍江西. 萍乡卷 : 云中草原 / 王晓峰主编. —南昌 : 江西人民出版社, 2015.1
（游遍江西旅游系列丛书）
ISBN 978-7-210-06546-3

Ⅰ. ①游…　Ⅱ. ①王…　Ⅲ. ①旅游指南—江西省　②旅游指南—萍乡市　Ⅳ. ①K928.956

中国版本图书馆CIP数据核字（2014）第150828号

游遍江西之萍乡卷——云中草原
王晓峰　主编
责任编辑：王一木　杨帆
书籍设计：同异文化传媒
出版：江西人民出版社
发行：各地新华书店
地址：江西省南昌市东湖区三经路47号附1号
编辑部电话：0791-88612505
发行部电话：0791-86899036
邮编：330006
网址：www.jxpph.com
E-mail：jxpphwym@sina.com web@jxpph.com
2015年1月第1版　2015年1月第1次印刷
开本：880毫米 × 1230毫米　1/32
印张：6.75
字数：120千
ISBN 978-7-210-06546-3
赣版权登字—01—2014—433

定价：29.80元
承印厂：南昌市红星印刷有限公司